サッカーシステム大全

岩政大樹
Daiki Iwamasa

マイナビ

「システム」はサッカーを解く手がかりだ!!

サッカーは105×68メートルの広大なピッチを、22人もの選手が絶え間なく、リアルタイムに動き回る複雑なスポーツです。何が起きているのか、状況を認知し、これから何が起きるのか、展開を予測する。これは簡単なことではありません。

そこで互いの認知の助けになるのが、システムです。ピッチ上のスペースに、11人がどのようなバランスで立つのか。

複雑に考えなくてもいい。
システムを4つの基本形で捉える。

1. 4バックー2ボランチ

4-4-2、4-2-3-1など。攻守のバランスが良く、柔軟性のあるシステムが多い。

2. 4バックー1ボランチ

4-3-3、4-1-4-1など。ピッチを広くカバーできる特性を、攻守で生かす。

3. 3バックー2ボランチ

3-4-3、3-4-1-2など。攻守の肝になるスペースを効率良く埋める。

4. 3バックー1ボランチ

3-1-4-2、3-1-3-3など。前線の厚みを生かして、アグレッシブに試合を進める。

全員がバラバラにならないよう、システムという設計図を定め、それを意識しながら各々が立ち位置を取ります。

　自分たちのシステムと、相手のシステムが決まれば、実際の試合で何が起きやすいのか、どこのスペースが急所になるのか、試合の焦点が定まります。システムは、複雑なサッカーを解く手がかりを与えてくれるわけです。

　もちろん、サッカーはシステムがすべてではありません。システムはあくまで

も初期配置であり、そこから11人がどう動くのか。人がどう動くのか。そのほうが大事なポイントです。しかし、その連動を考える上でも、システムの特徴やかみ合わせ、それによって想定される状況を知識として持つことは必須であり、状況の整理や戦術の共有において、様々なメリットをもたらしてくれます。

　本書によってシステムの知識を整え、サッカーを解く手がかりを入手していただければと思います。

CONTENTS

サッカーシステム大全

Part ❶
システムの考え方と重要性 11

Part ❷
4-4-2 2ボランチシステム の
特徴とバリエーション 19

CONTENTS

CONTENTS

Part ⑤
3-4-3 `1ボランチシステム` の
特徴とバリエーション ········ 71

Part ⑥ システムの実践

Part ⑦ 特殊系システム

CONTENTS

本書の見方

■基本システム紹介ページ

基本となるシステムの配置やポジションの表記を紹介。続くページで攻撃と守備のメリットや弱点を紹介。

■各ZONEの守り方

各ZONEにおける守備や攻撃のポイントを図面を使って解説。

■可変／派生システム

そのシステムからの可変、派生するシステムを紹介。

本書では、本文に解説されているサッカーのシステムの考え方や特徴、プレーヤーの動きなどを図面を使って紹介しています。

■コート図の見方

解説ページでは主役となるチーム（黄色）が図の下から上に攻める方向、ディフェンスの解説ページではディフェンスチーム（黄色）が下のゴールを守る方向で構成しています。

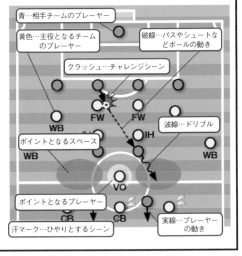

Part 1

システムの
考え方と重要性

システムの重要性について

なぜ、システムは重要なのか？　システムを理解すると、どんなメリットがあるのか？

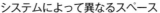
システムによって異なるスペース

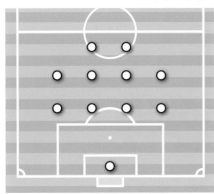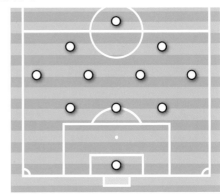

たとえば、[4-4-2] と [3-4-3] では、密度が濃い場所、空きやすいスペースは異なる。また、各ポジションに求められる個性が変わるため、選手選考にも影響がある

　システムはチームの出発点となる立ち位置を示したものであり、サッカーを考える上での前提知識の一つです。攻撃はもちろん、特に守備で起こり得る現象はシステムの特性によって絞ることができ、サッカーで起きる現象を予測しやすくなります。

　もちろん、システムでサッカーの全部が片付くわけではありません。サッカーは連続してプレーが行われるスポーツです。攻撃が始まったとき、守備が始まったとき、攻守の切り替えが起きたときなど、システムはある瞬間の立ち位置を切り取ったものなので、連続性はありません。サッカーが動画だとすれば、システ

ムは静止画です。そこから選手たちがどう動き、最終的にどんな絵に持って行くのか。システムはあくまでも初期配置に過ぎず、その先にピッチで起きる現象は様々です。

　ただ、だからといってシステムが大事ではない、とは言えません。最初の段階でシステムが何もわかっていないと、自分たちが頭の中に描ける全体像がなく、選手や監督との間で共通の理解を作り出すことが困難です。

　特に日本は育成年代を含めてシステムによって変わるものが深く浸透しておらず、このシステムではこのスペースが空きがち、といった特性を知らずにプレー

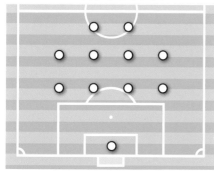

4バック系（2ボランチ）

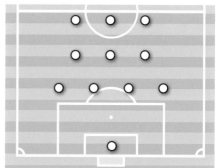

4バック系（1ボランチ）

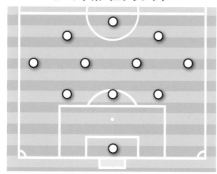

3バック系（2ボランチ）

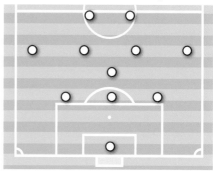

3バック系（1ボランチ）

している選手が多いと個人的には感じます。それは試合の駆け引きの拙さにつながってしまうかもしれません。

システムは4つに大別する

　本書はサッカーを考える上での前提となる、システムの特性を整理することが目的です。ただし、その表記は［4-1-2-3］、［4-3-2-1］、［4-2-3-1］など無数にありますが、実際は似たものが多く、あまり細分化しすぎるとキリ

がありません。

　そこで本書は各システムの特性を体系化して理解するため、システムを次の4つに大別しました。

●4バック系
　　－2ボランチ　－1ボランチ
●3バック系
　　－2ボランチ　－1ボランチ

　各システムは、この基本パターンから派生したものと考えれば理解が容易になり、サッカーの全体像をつかむことができます。

攻守の可変システム

**現代サッカーは攻撃と守備で異なるシステムを使用するケースが増えている。
その理由は？　メリットとデメリットは？**

4-4-2で守る	3-5-2で攻める

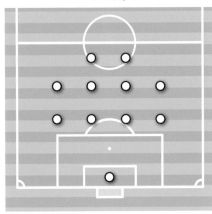

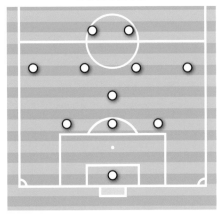

コンパクトにまとまりやすい [4-4-2] の特徴を生かして守備をする

一方、攻撃では幅を広く使ってボールを運ぶために3バックに変化させる。可変システムの一例

　昔は攻撃と守備のシステムは同一であると、暗黙のうちに考えられていましたが、現代は攻守でシステムを切り替え、可変システムとして運用することが珍しくありません。

　たとえば守備は [4-4-2] のバランスを使いたい。しかし、攻撃になったときは3バックに変えたほうが選手の特徴が出るため、攻撃と守備で異なるシステムを用いる。こうしたケースは増えました。本書でも各システムの特性を解析するページは、攻撃と守備に分け、各フェーズにおける立ち位置の変化を踏まえて構成しています。

攻守で立ち位置を変えることは、以前は選手個々の判断で行われてきましたが、現代ははっきりと、守備はこのシステム、攻撃はこのシステムと、チームで明確に決める傾向が強くなりました。

可変システムのデメリット

　攻守における可変システムを用いることは、良い面と悪い面の両方があり

4-4-2に戻る前に…

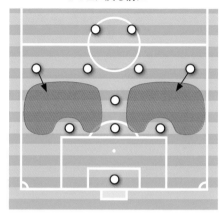

ボールを奪われたら[4-4-2]のブロックを組んで守りたいが、切り替わる瞬間に空いているスペースを突かれがち

戻る瞬間にすきができる

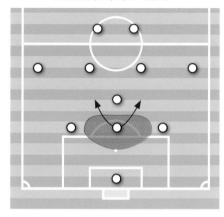

攻撃時に3バックに下りたボランチが、ボールを奪われて慌ててポジションに戻ると、危険なスペースができる

ます。良い面はそれぞれのシステムの利点を得られること。悪い面は、攻守の切り替えの瞬間にすきができやすいことです。

たとえば攻撃は3バック、守備は4バックとすると、攻撃時にサイドバックは高い位置に出て行くため、守備に切り替わって最終ラインに戻るとき、移動距離が長くなります。そういった可変システムのつなぎ目となるスペースを突かれ、形が整う前に速攻を食らうリスクはあります。

また、オリジナルポジションの癖が残る選手もいます。たとえば攻撃時にボランチが最終ラインに下りて3バックに変化したとき、ボールを奪われると、そのボランチは中盤の守備に戻ります

が、そのタイミングが急すぎると、センターバックとの間に危険なスペースが空いてしまいます。

ボランチ（VO）は相手のボールを潰すことに慣れているため、癖としてボールに反応して前に出がち。攻守で可変システムを用いると、こうした思わぬ落とし穴にはまることもあります。

とはいえ、これらの攻守の切り替えで起きる瞬間的な問題は、プロレベルだからこそ、問題になる部分とも言えます。育成年代やアマチュアのサッカーでは、そのわずかな切り替えのすきを突くほどの精度がなく、実際にはそれほど問題にならないことが多いです。フェーズごとの立ち位置の可変は、押さえるべきポイントの一つです。

ZONE1、2、3に分割したエリアごとの考え方

サッカーの戦術はピッチ全体で一定ではなく、場所に応じてプレーの優先順位が変わる。本書は特に守備を3つのエリアに分け、解説している。

システムは攻守間で変化するだけでなく、エリアでも変わることがあります。

サッカーではピッチの縦を3つに分けるエリアの分類が一般的です。敵陣の一番深いところをアタッキングサード、真ん中をミドルサード、自陣の深いところをディフェンシブサード、また、これらは順にZONE（ゾーン）3、ZONE2、ZONE1とも呼ばれています。

たとえばZONE3では3バックで守備をし、ZONE2では4バックに変形、ZONE1ではより慎重に5バックで構えるなど、システムの形自体が変わるチームはあります。あるいは全体図までは変わらなくても、マーキングの方法やカバーリングの手順など、「初期配置のシステムからどう動くか？」という部分で戦術が変わることもあります。

自分たちのゴール前ではセーフティに、相手のゴール前では攻撃も守備も大胆に行くように、エリアによって優先順位が変わることは、プレー感覚としても自然です。特に守備はシステムやチーム戦術による部分が大きいので、本書では守

エリアを3つに区切る

ピッチを縦に3分割し、自陣から順にZONE1、ZONE2、ZONE3とする。複雑なサッカーを整理するため、一般的に使用されている方法

備を3つのエリアに区切り、各システムを取り上げました。

システム配置からどう動く？守備時の基本

初期配置のシステムから、選手はどのように動くべきか？
守備時に大きな指針となるのは、ゾーンとマンツーマンの二つだ。

システムはあくまでも初期配置であり、そのスタートポジションから「どう動くか?」が重要なポイントです。

その点では攻撃は判断する要素が広く、パスの方向も360度、さらに空中も含めれば無数に選択肢があります。全般的に攻撃はより複雑であるため、ピッチ内で選手が即興でプレーする範囲が広くなります。

一方、攻撃に比べると、守備は戦術の決まりごとが増えます。ボールを持たないため、技術にかかわらず、チームで決めた通りに動き方を実践できるからです。最終的に個人の判断で変わるのは、ボールを取りに行くのか行かないのか、といった局面に絞られます。
選手も特に守備においては、システムや戦術を細かく意識し、その影響をより強く受けることになります。

ゾーンとマンツーマン

守備において、立ち位置を定める指針の一つに、ゾーンディフェンスとマン

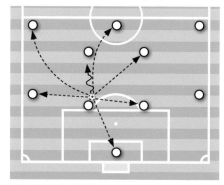

攻撃は選択肢が無数

攻撃は選択肢が幅広く、その中でミスが起きたり、個々の技術で出来るプレーと出来ないプレーがあったりと、守備よりも複雑だ。そのため攻撃は選手が即興でプレーを創造する範囲が広くなる一方、守備はチームの決まりごとで整理される割合が大きくなる

ツーマンディフェンスがあります。簡単に言えば、スペースを見ながら立ち位置を取るのがゾーン、人（相手）を見ながら立ち位置を取るのがマンツーマンです。

個人的には「頭の回し方」と表現していますが、サッカーはボールが静止することが少なく、常に移動しています。ボールが動けば相手も動くわけですが、そこで相手の動きを先に探すのか、あるいはスペースを見て自分が先に立ち位置

相手が動いてきたとき…

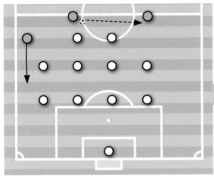

ボールを動かすと同時に、相手がオーバーラップを仕掛けてきた

先に人につくのがマンツーマン

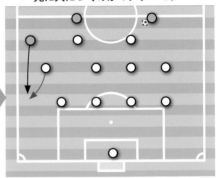

そのまま相手について行き、マークする。マンツーマンは先に人につく

スペースから抑えるのがゾーン

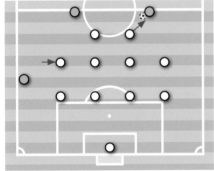

ゾーンの守り方は、先に立ち位置を抑える。相手の位置は見ているが、先に人に引っ張られる動き方はしない

を決めるのか。前者はマンツーマン、後者はゾーンですが、大きな違いがあります。

ゾーンであっても、最初に立ち位置を取ろうとした後、そこに入ってくる相手も探すため、人を見ないわけではありません。優先順位として後になるだけで、最終的には両方のグラデーションになります。

ただ、先に頭を回すほうを固定しなければ、連係が混乱します。たとえば、左の選手が立ち位置から探しているのに、右の選手が人から探せば、その間は大きなスペースが空きやすくなります。そうした展開を想定するためには、ゾーンとマンツーマン、「頭の回し方」をはっきり定める必要があります。

また、これらはエリアによっても変化します。たとえば、ZONE3ではマンツーマンで人を潰し、ZONE2ではゾーンで構える。そしてZONE1に入られたら、特にペナルティーエリア内では人を捕まえる。あるいはクロスに対しては、ゾーンで構える。こうした指針がエリアによって変わるチームもあります。

単純に初期配置に立つだけでなく、その先はどういう指針で選手たちが動くのか。そうした視点を持ちながら、本書を読み進めて頂ければ幸いです。

Part 2

4-4-2 2ボランチシステム の 特徴とバリエーション

「4-4-2」 2ボランチ

4-4-2は現代サッカーの基本のシステムです。バランスに優れる一方で、
相手の変化に対し、どう形を崩して動くか。連動の質がポイントになります。

4-4-2

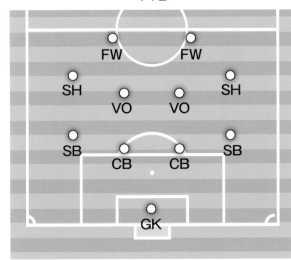

POSITION

2 FW …フォワード
MF ミッドフィールダー
4 VO …ボランチ
SH …サイドハーフ
DF ディフェンダー
4 CB …センターバック
SB …サイドバック

1 GK …ゴールキーパー

[4-4-2]はDF4人、MF4人、FW2人が、3列に並ぶシステムです。選手間の距離を均等に、バランス良く配置できる特徴があり、世界中で最も多くのチームに採用されています。

偏りのないシステムなので、サイドも中央も、均等にカバーすることができます。また、プレーする選手にとってわかりやすいのも大きなメリットです。自分の横にも縦にも、味方がいるので、それに合わせて立ち位置を取れば、[4-4-2]のブロックは自然と、容易に組むことが

できます。

逆に3バック系など選手間の距離がポジションごとにいびつなシステム、あるいは[4-3-3]のように味方と斜めの関係で立ち位置を取るシステムの場合、個々がバランスの良い立ち位置を取るのがやや難しく、慣れが必要です。

その意味では[4-4-2]は、選手にとって非常にわかりやすいシステムです。日本代表などメンバーの入れ替わりが多い選抜チームでも、機能させやすいメリットがあります。

4-4-2 守備のメリット

陣形をコンパクトに整えやすい

[4-4-2] は、FW、MF、DFの3つのラインではっきりと分かれています。[4-3-3] や3バック系に比べて、ラインの作りがシンプルなので、ライン間の距離、隣り合う選手の距離さえ意識すれば、容易にコンパクトな陣形を作ることができます。その選手間の距離は、チームによって異なりますが、10メートル前後が基準になります。

コンパクトな陣形は、縦にボールを入れられたとき、人数をかけて密にプレッシャーをかけやすく、こぼれ球を拾いやすいメリットがあります。

この [4-4-2] のブロックをボールと自陣ゴールの間に常に敷くように、縦スライド、横スライドしていけば、守備は安定を得ることができ、逆に相手は前進が困難になります。

また、陣形がコンパクトであれば、お互いのプレーヤーが近くにいるために、連係を取りやすくなるのも大きなメリットです。守備においては、誰かがボールにチャレンジしたとき、そのカバーを務める味方が近くにいるので、チャレンジ＆カバーを徹底できます。連係して組織的に守りやすいのは [4-4-2] の大きな特徴です。

選手間をコンパクトに保つ

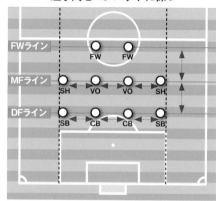

ライン間＋隣同士の距離をコンパクトに保てば、ギャップとなるすき間のスペースを小さくできる。この形でボールの移動に合わせてスライドする

チャレンジ＆カバーが利く

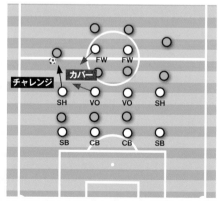

コンパクトなら1人がチャレンジしたとき、周りのカバーが利きやすい。横パスを出されたらVOがチャレンジ、SHがカバーなど、役を入れ替えつつ寄せをくり返す

4
-
4
-
2

4-4-2 ｜守備の弱点｜
「4-4-2破り」への対策が必要

　[4-4-2]はサッカーの基本的なシステムですが、一方で、最近は[4-4-2]を運用するのが大変になってきた、とも感じます。

　相手は攻撃時にボランチ（VO）を下げたり、サイドバック（SB）を内側に入れたりと、最終ラインを3枚に変形するビルドアップが当たり前になってきました。すると、[4-4-2]は2トップなので、相手の3バックに対して1枚が不足します。

　3バックのビルドアップに対して、サイドハーフ(SH)が出て行くべきか、しかし、出て行けば均等だったバランスが崩れます。例えば、サイドが手薄になってひっくり返されたり、カバーしようとしたら中央が空いてクサビを打ち込まれたりと、芋づる式に穴が空いてしまいます。このような[4-4-2]破りは、徐々にセオリー化し、難しい時代になってきました。

　均等に立った[4-4-2]の状態から、相手のビルドアップの変化に対して、どう動くかがポイントになります。

　3バック系などは最初からバランスが歪なため、そこから均等になるように動けばいいので選択肢はシンプルです。しかし、[4-4-2]は最初の形が均等なので、そこからどうバランスを崩して動く

2トップ対3バックの状況

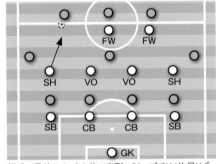

相手が最終ラインを3枚に変形。2トップでは1枚足りず、ボールを奪えない。そこで左SHが出て行くと…

穴が空いてしまう

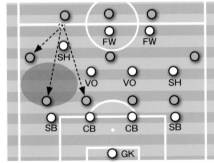

左サイドが空くことに。左SBがカバーに行けば背後の相手が浮き、VOが行けば中央のコースが空く。単体で行くと芋づる式に穴が空いてしまう

のかが難しく、個々のプレーヤーの判断と連動の質が求められることになります。

Zone3の守り方

3ラインが連動してベクトルを前へ

ZONE3でハイプレスでボールを奪うことができれば、カウンターのビッグチャンスを迎えることになります。成功すれば利益が大きいアグレッシブな守備と言えます。強いベクトルを前へ向けてDFライン、MFライン、FWラインが連動し、ボールや人を鋭く追い詰めます。

ただし、無闇に行ってもはまらず、かわされるだけなので、いつプレスのスイッチを入れるかが重要です。

相手がゴールキックからパスをつないで来るとき、あるいはZONE2で相手のバックパスに合わせて全体を押し上げたときなど、ZONE3へハイプレスに行く機会をうかがいます。

［4-4-2］は、全体をコンパクトに保ったまま、形を崩さずに縦スライド、横スライドができるので、ZONE2からZONE3へのプレス移行は比較的スムーズに行うことができます。

弱点は背後。特にSBの裏のスペースが空きやすい

ハイプレスに行く場合は、背後を突かれるリスクを負うことになります。特に［4-4-2］では、均等にバランスが取れた形から誰かが動くので、前に

守備における3つのZONE

守備の考え方は、ボールのあるZONEによって変わる。ZONEは以下の3つに大きく分けることができる。

①ZONE1 …最終ラインが守備を行う局面。

②ZONE2 …中盤でボールキープしている局面。

③ZONE3 …相手DFがボールキープしているビルドアップ局面。

いつプレスのスイッチを入れるか

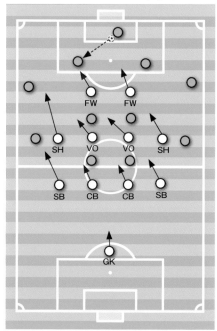

相手のGKから始まるリスタート場面、あるいはバックパスを出させて全体を押し上げた場面など、全員がスイッチを入れて追い詰める

4
-
4
-
2

出た選手のところが空く現象が起こりやすくなります。

　特に多いのはサイドハーフ（SH）がプレスに出たときに、背後が空き、そこへサイドバック（SB）が出て、SBの裏が空くケースです。個人的には「ドミノ崩し」と呼びますが、こうしたスペースを狙われるリスクが生じます。

　SHだけでなく、2トップがハイプレスに出れば、2トップの背後が空き、そのスペースをボランチ（VO）が埋めれば、VOの背後が空きます。そこを狙ってロングボールが蹴られると、中盤は4人が均等にプレスバックして帰って来られないため、センターバック（CB）が競った後にボールがこぼれる場所に誰もおらず、相手に拾われるケースが増えてしまいます。

　また、オフサイドラインは一番高い場所でもハーフウェイラインなので、ZONE3からプレスに行っても、CBは敵陣深くに入りづらく、CBとVOのライン間は広くなります。そこを突かれるとどうしても苦しくなってしまうのが、[4-4-2]でハイプレスに行くチームの弱点です。

　一方、[4-2-3-1]でFWを1枚にしてトップ下を作ることで、VOが引き出されずに済みますが、FW1枚では相手を制限し切れず、ZONE3からの守備が成立しないかもしれません。

ハイプレス時に空くスペース（VOの背後）

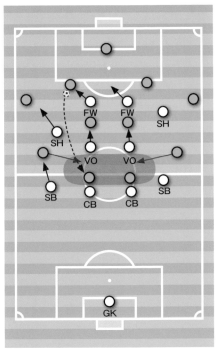

SBの裏が空くことも多いが、このようにVOの背後が空くケースも頻発する。このタイミングでCBへロングボールを蹴られると、こぼれ球を拾われやすい

　ちなみに、ここで言及した「空く」というのは、1〜2秒、もしくはコンマ何秒の世界です。最終的には、攻撃側がそこを的確に突く技術があるのか、守備側は連動のスピードで相手を追い切れるのか、攻守の勝負になります。その判断やタイミングを間違えると、ドミノ崩しで一気に突破されるのが、[4-4-2]の特徴でもあります。

4-4-2　Zone2の守り方

2トップの脇が急所になる

ZONE2、つまりミドルゾーンに［4-4-2］で構えた状況でどう守るか。［4-4-2］の急所は、2トップの脇と、2トップの背後です。MFとDFが均等に並ぶため、2トップが動く周辺のスペースが空きやすくなります。

その急所を狙い、相手は最終ラインを3枚に変えるなど、2トップの脇に起点を作って様々なビルドアップを試みてきます。それに対する守り方は、［4-4-2］のシステム上、はっきりすることができません。

もともと均等でバランスが良いシステムのため、相手のどんな攻撃にもスライドして対応が可能である一方、力点を置く場所もありません。

狙いを定めて動かなければ、相手のパス回しのスピードに付いて行けず、空いたスペースを簡単に突かれてしまいます。

では、［4-4-2］でどう狙いを定めればいいのでしょうか？　大きく分けると、二つです。一つは「中を閉めて相手に外回りをさせ、全体がそこへスライドして行く」方法。もう一つは、逆に「外から切って中へクサビを打ち、ブロックをぎゅっと閉めてボールを奪う」方法です。

中へ入れさせると、中央には質の高いアタッカーがいてピンチを招いてしまう

中を閉めて、外回りさせる

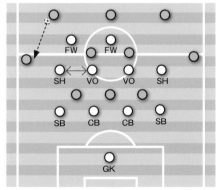

［4-4-2］は2トップの脇に起点を作られがち。一つの方法は、選手間の距離を縮めて、外へパスを誘導する。J1でよく見られる戦術

外から切って、中へ入れさせる

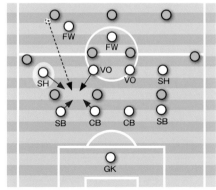

SHが広めに立って、中へクサビを打ち込ませる。J2で時折見られる戦術。［4-4-2］はSHの立ち位置を見ると、守備の狙いが見えやすい

4-4-2

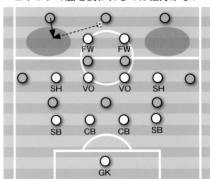

2トップの脇を使われるのは仕方がない

[4-4-2] は2トップの脇が空くので、そこを使われるのは、ある程度は仕方がない。そこから入るボールを、どう誘導するのかを考える

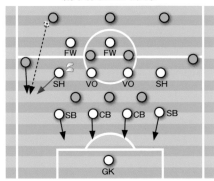

割り切ることも大事

中を閉めて外回りさせると、スライドが間に合わず、前進を許しがち。全部を防ぐことは不可能なので、最悪、中でクロスを跳ね返せばいいと割り切る

ことが多くなるので、J1では大体のチームが前者の「中を閉めて外を使わせる」ことが多く見られます。

　逆にJ2などで見かけるのは、[4-4-2] のブロックを少し広げた状態で、中へ誘い込んでボールを奪い、カウンターを狙うやり方です。ライン間を使う相手の質によって変わりますが、中へ入れさせるリスクと、中でボールを奪える恩恵を比べたとき、後者が大きいのなら有効な戦術です。

何を捨てるか?
狙いを絞って割り切る

　大事なことは、「何を捨てるか」です。中も外も全部閉めようとすると、両方ともに防ぎ切れず、相手に振り回されてしまいます。たとえば中を閉めて外回りさせるのなら、スライドが間に合

わずに同サイドから前進を許すケースはどうしても発生しますが、それは捨てる。サイドチェンジで反対に振られることだけは避けつつ、最悪、クロスを中で跳ね返せばいい。割り切りも大事です。

　[4-4-2] の場合、2トップの脇を使われるのは、ある程度は仕方がないので、そこから入るボールをどちら側へ誘導するのかがメインの戦いになります。

　ただし、こうしたやり方を徹底しても、失点してしまえば、「捨てた」とは言い切れなくなります。その場合はシステム変更を含め、別の手段を考えるべきかもしれません。いずれにせよ、[4-4-2] のブロックを動かす上では、何を絶対に防いで、何を捨てるのか。狙いを定める必要があります。

人を見るか、パスを守るかの マーキングの違い

サイドハーフ（SH）が外に開いた状態から、中にクサビを打ち込まれたとき、前述のように中へ集結してボール奪取に行く方法もありますが、もう一つはSHがそのまま絞らず、相手サイドバック（SB）を1対1で見張るチームも多く見られます。この場合、そもそもSHはゾーンでなくマンツーマンで立っているので、「人に付け」と対面のSBを意識した結果、広がった立ち位置を取る必要があります。

人を先に見るのか、パスコースを先に意識するのか。これはマーキングの違いです。

人を先に見れば、SHは相手SBに釣られて後ろに下がりがちになり、中盤は薄くなります。しかし、人に付くことのメリットは、最後のZONE1に運ばれたとき、人がずれにくいこと。後述しますが、ゾーンの場合はマークの受け渡しがやや複雑です。その点、マンツーマンで守ることで連係がよりシンプルなものになります。

もちろん、人を見れば相手の立ち位置に振り回されるので、6バック化する場面も多くなります。それでも、そのSHに爆発的な走力があり、長いスプリントを繰り返す体力があるのであれば、相手にとっては嫌なはずです。中盤でパスを回されても、崩されずに耐え、最後は

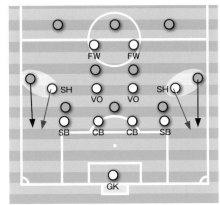

SHがマンツーマンの場合

SHは広がった立ち位置を取っているが、それは中へ誘うためではなく、相手SBに1対1で付くためだ。マーキングと、そもそもの目的が異なる

【例】サンフレッチェ広島（2021年）

SHが人に付いて下がり、マークのずれを起こさない。エゼキエウの走力やドリブルによるロングカウンター、森島の豊富な運動量を生かした戦い方だ

ボールを奪ってロングカウンターへ出て行くことも可能になります。選手の特性によっては、それがチームの正解になることでしょう。

4
-
4
-
2

ボランチに対する守備を
チームとして明確にしておく

　[4-4-2]の急所となるスペースは2トップの脇と、もう一つは2トップの背後です。ここで相手ボランチに自由にプレーさせてしまうと、左右、真ん中、中も外も配球し放題で、守備の狙いを絞りづらくなってしまいます。

　そこで、FWとMFのライン間で浮く相手ボランチ（VO）に、どうプレッシャーをかけるかが課題になります。

　ボールが入ったとき、VOが2人ともに出て行くと、バイタルエリアが空き、相手に危険なスペースを与えてしまいます。そこでVOが1人だけ出て、反対側にはFWの1人をプレスバックさせる約束にすることで守備の安定感が出ます。

　FWではなく、サイドハーフ（SH）が寄せて行く方法もありますが、この場合はサイドにスペースを空けてしまうため、展開をさせないように、ワンサイドに全員で強くプレッシャーをかけ、ボールを封じ込める必要があります。

　いずれにせよ、急所への対応策を明確に定めておくことが大事です。

　[4-4-2]のゾーンで守ると、ラインのすき間にボールを入れられたとき、誰が行き、どうマークを受け渡すのかが曖昧になりがちです。チームで対応を準備しておきましょう。

VOが2人とも出ると、背後が空く

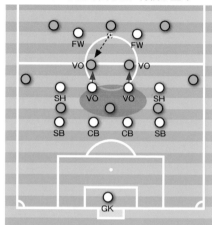

2トップの背後で浮く相手に、VO2人が出ると、バイタルエリアが空いてしまう。相手アタッカーへの規制が利かず、危険な状態になる

FW1人が下がるか、SHが絞るか

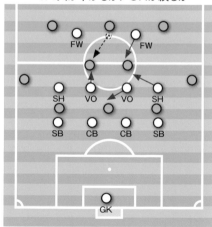

VO1人が出て、反対側にはFWの1人が下がる。VO1人が後ろに残るため、安定性は高い。SHが寄る場合は、サイド展開を許さないように厳しくプレス

あまり日本では見かけない 海外リーグでの対応例

　[4-4-2] の急所を突くビルドアップに対し、様々な対抗策を紹介しました。2トップの脇を使われたとき、サイドハーフ（SH）がどう対応するかは大きなポイントになりますが、以前、スペインのラ・リーガで、アトレティコ・マドリードを見たとき、そこではSHが出るのではなく、ボランチ（VO）が出て行く方法で対処していました。

　SHが出ると、外で相手が浮いてしまうため、外回りの攻撃を許すことになります。それを割り切るのも一つの考え方ですが、もう一つの方法として、VOが中央から出て、他のMF3人が内側に絞る形にすることで、外にボールを出されてもSHが対応できるようになります。反対側の相手VOに対してはFWが戻って、全体を締めて対応します。全体的に少し自陣に引き込み気味にはなりますが、マークのずれが少なく、なるほどと感心しました。

　日本ではあまり見かけない対応ですが、非常に面白い方法です。イメージとしては、真ん中にセンターバック（CB）が出て対応し、他3人が絞ってカバーするDFラインの対応に似ています。それと同じことを、中盤で行う形になります。

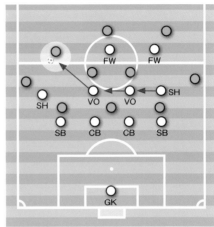

2トップの脇に、VOが出る

2トップの脇のスペースを使われたとき、SHではなく、VOが出て行く。他のMF3人はカバーに絞る

サイドで相手が浮かない

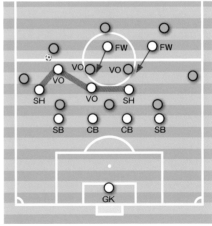

SHを出さないので、サイドで相手が浮く現象を防ぐことができる。2トップも相手ボランチへプレスバックし、全体でグッと締める

4
-
4
-
2
↓
4
-
2
-
3
-
1

可変システム　**2トップを縦にするシステム**

4-2-3-1

　2トップの脇や背後など、[4-4-2]の急所を使われる状況に対し、選手がうまく連係で対処できないことはあります。それをシステムで解決を促すとしたら、最も多いのは2トップを縦関係に変えるやり方です。

　1トップと両サイドハーフ（SH）が、3バック化した相手の最終ラインを3対3の同数で捉え、トップ下は相手のボランチを抑えます。外で浮いた相手のウイングバック（WB）にはサイドバック（SB）がずれて対応し、その瞬間に全体がワンサイドへスライドする、という形です。システムの変化により、全体がシンプルにかみ合いやすくなります。

　相手は後方を3バックに増やすために、前線の人数を減らしているわけなので、SBが相手のWBへ出て行っても、センターバック（CB）2人と、逆サイドのSBが中に絞ることで3人で守れるようになります。逆サイドの相手WBに対する守備を捨てれば、それで足りない場所はなくなる、という分かりやすい方法です。

　ZONE3では[4-4-2]でハイプレスに行きつつ、ZONE2では[4-2-3-1]に変えて安定性を高める可変システムを使うチームは多く見られます。ここ数年

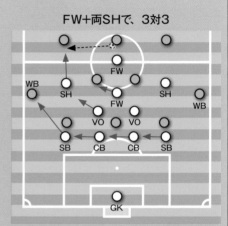

FW＋両SHで、3対3

2トップを縦関係に変え、FW＋SH2人の3対3でかみ合わせる。下がったFWが相手ボランチをマークし、全体がスライドしてプレスをかける

【例】鹿島アントラーズ（2021年）

ZONE1は[4-4-2]のままスライドして行くが、ZONE2ではエヴェラウドと上田の一方が下がり、[4-2-3-1]に移行する可変システム

の鹿島アントラーズ、日本代表も時折取り入れているシステムです。

Zone1の守り方

4人では横幅を守り切れない

[4-4-2]で構えた状態から、守備ゾーンであるZONE1にボールを運ばれたとき、どう対応すればいいのでしょうか。

まず前提として、4人ではピッチの横幅68メートルを守り切ることはできません。ボールを奪うことが主目的となるZONE3では、4人が一つの方向へスライドして、横幅のうち逆サイドの一番外側を捨てて、ボールにプレッシャーをかけます。もし、4人のすき間や逆サイドからの突破を許してしまった場合は、ZONE1へ撤退し、再び守備を行わなければならなくなります。

しかし、ZONE1では、すぐ後ろに自分たちのゴールがあり、それ以上撤退する場所はありません。ZONE1で相手をフリーにしてしまうと、シュートやラストパスなど失点に直結するアクションを起こされてしまいます。

ZONE1では、4人では守り切れない横幅をどうカバーし、相手にスペースを与えないようにするか。ここがポイントになります。

ZONE1で優先して考えるべきは、ボールを奪うことではなく、ゴールを守ることです。相手をフリーにしてペナルティーエリアへ侵入されることがな

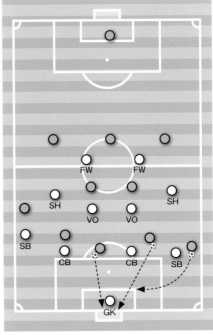

ZONE1で相手をフリーにすると
失点に直結するアクションを起こされる

ZONE2とは異なり、ZONE1で相手をフリーにすると、シュートやラストパスなど失点に直結するアクションを起こされてしまう

いように、スペースを封じなければいけません。そのためには、4人では足りない最終ラインをカバーする、「5人目原則（P.32参照）」をどう行うかが課題になります。

4-4-2

「5人目原則」を整理する

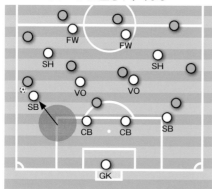

SBが引き出されたとき、
スペースが空きやすくなる

SBが引き出されたとき、CBとの間にできたスペースをどう
埋めるかが4バックの課題。CBはゴール前の局面に対応
するため、安易には外へ出られない

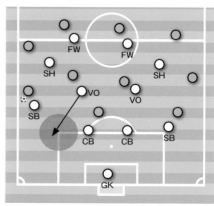

❶VOが空いたスペースに入る

SBが引き出されて空いたZONE1のスペースにVOが戻っ
てカバーする

　[4-4-2]に限らず、最終ラインを4人で統率する4バック系のシステムでは、ZONE1の守備において、横幅を抑える人数が不足します。

　特に典型的に空いてしまうのが、ハーフスペースと呼ばれるペナルティーエリアの角辺りに向かうスペースです。センターバック（CB）の2人は最終的にゴールを守ることが基本なので、サイドバック（SB）が前や外に引き出されたとき、元いた場所がそのまま空いてしまいます。こうしたすき間を埋めるため、「5人目」が必要になるのです。

　4バックを採用する場合、どの選手がZONE1でこのスペースをカバーするの

かを決めておく必要がありますが、特に育成年代では、5人目原則を定めていないチームが非常に多く見られます。

4バックの課題
5人目の守備を決めておく

　最終ラインの空いたスペースに、❶ボランチ（VO）が入るのか、❷サイドハーフ（SH）が入るのか、それとも❸CBがスライドして中央にVOが下がるのか、もしくは❹4人がスライドして反対側のSHが下がるのか、あるいはそもそも❺SBが引き出されないようにSHの2人が下がって6枚で守るのか。

　いずれにせよ、4バックでは「5人目の

守備をどう入れるのか」をチームとして
定めなければいけません。もし5人目を
下げない場合は、失点のリスクが増える

デメリットを承知の上で、逆にカウンタ
ーに出る人数を増やすなど、リスクを上
回るメリットが必要になります。

❷SHが空いたスペースに下がる

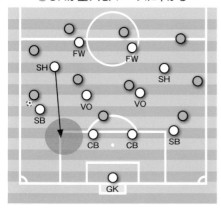

SBが引き出されたスペースを、前方のSHが内側へ下がっ
てカバーする

❸CBがスライドしてVOが下がる

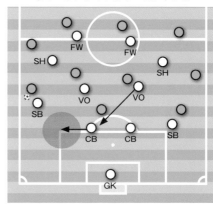

ボールサイドのCBがスライドし、空いたゴール前のスペー
スにVOが下がる

❹4人がスライドして反対のSHが戻る

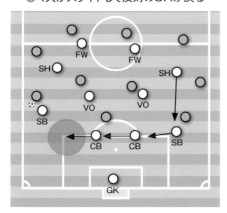

最終ラインの4人がボールサイドへスライドし、逆サイドで
空いたスペースにSHが下がる

❺2人のSHが下がって6人で守る

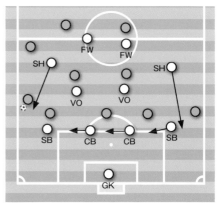

SBが引き出されるのを避けるため、両SHが最終ラインに
下がって対応する。全体的に大きく下がった陣形になる

4
-
4
-
2

前線から最終ラインまでの ZONE間のつながりを考える

4バックシステムでZONE3の守備を行うポイントとして、「5人目原則」による5つのカバー方法を最初に紹介しました（P.32参照）。

自分のチームのやり方をはっきりと決めることが大切ですが、その際、注意しなければならないのは、ZONE間のつながりです。

たとえば、ZONE2でサイドハーフ（SH）が中に絞って守ることで、相手のパスコースを外回りへと誘導するゾーンディフェンスを行うとします。一方、そこを突破されたとき、ZONE1では「5人目原則」として、両SHがそのまま下がって付く❺（P.33参照）のやり方を採用しようと考えました。

しかし、この両立が不合理であることにお気づきでしょうか。SHはZONE2で中に絞っているので、ZONE1に侵入されたとき、大外を上がってくる相手に付き切れない場面が多くなってしまうのです。

ZONE2とZONE1の守り方は、個々に独立したものではなく、そのままの現象でつながることを理解しなければ、最終的にプレーヤーたちが混乱してしまいます。

つまり、5人目原則として5つのカバー

SHがZONE2で中に絞る守備をすると、 ZONE1で❺のカバーは難しい

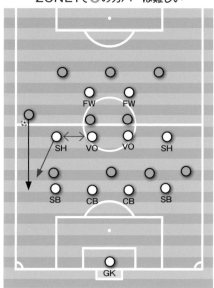

SHがZONE2で中に絞るゾーン守備をした場合、ZONE1で外から上がって来る相手SBをマークするのは困難。間に合わないケースが多発する

方法を挙げましたが、ZONE2の守り方次第では、最初から選択肢に入らない方法がある、ということを忘れないようにしましょう。

中盤の誰が ZONE3まで カバーできるかを考える

ZONEのつながりは、ZONE1とZONE2だけでなく、ZONE3も関わってきます。たとえばZONE3の守備において、相手の3枚回しに対抗するため、[4-2-3-1]に変形し、両サイドハーフ（SH）

両SHが高い位置へプレッシングに行く場合、SHに最終ラインのカバーは期待できない

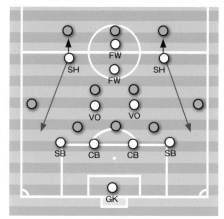

3枚回し等の相手のビルドアップに対し、両SHが高い位置へプレッシングに行く場合は、ZONE1で最終ラインをカバーする役割は期待できない

VOを前に出して寄せる場合、VOに最終ラインのカバーは期待できない

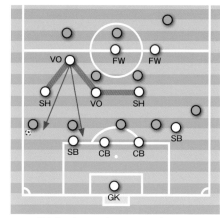

VOの1枚を前に出してアプローチする場合、ZONE1に下がったとき、最終ラインをカバーする役割は担えない

が1トップに並んでプレッシングを仕掛けたとします。(左図参照)

　そこでボールを奪えず、ZONE2、ZONE1と運ばれた場合、5人目原則が必要になりますが、SHは高い位置へプレスに行っているので、❷や❺の選択肢は困難です。

　❹は反対サイドに戻ってくる方法なのでタイミング的には間に合う可能性はありますが、SHにかなりの負担がかかります。このような状況では、基本的には❶や❸のように、ボランチ(VO)にカバーを任せるのが妥当です。

　もう一つの例を挙げましょう。たとえばZONE2の守備において、SHではなく、

VOが前に出てプレッシングをかけるアトレティコ・マドリードのやり方(右図参照)を採用した場合、ZONE1の5人目原則では、少なくとも❶は不可能になります。サイドバック(SB)が絞り、外の対応はSHに任せるか、あるいはスライドして反対側のVOやSHにカバーさせる、といった方法が考えられます。

　こうしたゾーン間の守備のつながりを考えず、その場所には間に合わない可能性が高いポジションの選手にカバーを任せてしまう戦術的欠陥は、プロの試合でも時折見られます。ZONE3、ZONE2、ZONE1の守備がつながっているかどうかを見極める必要があります。

4-4-2

4
-
4
-
2

ベースをどこに置き、何を捨てるか？

　セレッソ大阪や清水エスパルスを指揮したミゲル・アンヘル・ロティーナ監督は、基本的に [4-4-2] を使います。

　守備のベースになるのは、ZONE2からZONE1で相手にスペースを与えず、固く守ることです。「5人目原則」は「❶ボランチ（VO）が空いたスペースに入る（P.32参照）」を基本とし、サイドバック（SB）が空けた背後を、絶対に相手に使わせないように、VOに埋めさせます。

　守備はかなり安定しますが、その決まり事をベースとする場合、VOはSBの近くにいる必要があるため、ZONE3やZONE2では高い位置へプレスをかけづらくなります。プレスに行ってしまうと、ZONE1のカバーに間に合わないからです。

　フリーになる相手VOに対しては、2トップを戻らせて対応します。全体的に下がる守備になりますが、ある程度は相手にボールを持たれても仕方がないと割り切って、ZONE1での守備の安定を優先した考え方です。

　[4-4-2] は均等に配する形ですが、ここは絶対にやらせない場所、こっちはある程度許容する場所など、チーム方針を決めることで、全てのエリアで相手に振り回されて全体がバラバラになるリスクを回避することができます。

【例】セレッソ大阪（2020年）

中盤と最終ラインが「4-4」の緊密なブロックを作り、VOが「5人目原則」でカバーを行う。相手VOには2トップが下がって対応。全体的に下がった形になる

FW1人が下がるか、SHが絞るか

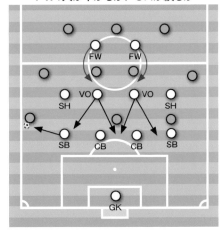

VO1人が出て、反対側にはFWの1人が下がる。VO1人が後ろに残るため、安定性は高い。SHが寄る場合は、サイド展開を許さないように厳しくプレス

4-4-2 攻撃のメリット

4-4-2は堅守速攻スタイルに向く

4

4

2

[4-4-2] はお互いの距離を近く保ち、コンパクトな陣形を作りやすいシステムです。ただし、攻撃に関しては、お互いの距離が近いままでは、相手のプレッシャーを素早く受けやすいため、パスをつないでボールを保持するのが困難になります。

そのため、[4-4-2]を守備だけでなく、攻守一体で採用するチームは、基本的には堅守速攻スタイルになります。コンパクトな守備を生かしてボールを奪ったら、無駄な横パスを入れず、その陣形のまま即座に2トップへ蹴り込む。そこでボールを収めるか、あるいはコンパクトさを生かしてセカンドボールを回収し、さらに相手ゴールへ突進します。

攻撃も守備も常にボールを10人で取り囲み、ボールを動かされたらワンサイドへ全員がスライドして、たとえボールを奪われても、すぐに奪い返します。このように、あえてボールを落ち着かせず、意図的に混沌を作り出すような戦術概念を「ストーミング」と呼ぶこともあります。

ポゼッションを重視せず、球際の強さやスプリント力、空中戦を生かして戦うチームには、攻守一体の [4-4-2] が向いています。

攻守ともに [4-4-2] でプレーする

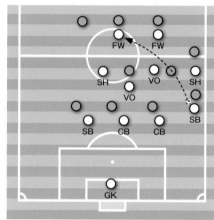

奪ったボールはすぐに前線へ送り、セカンドボールを拾って二次攻撃へ。守備だけでなく攻撃も、[4-4-2] のコンパクトさをベースに戦う

【例】アビスパ福岡（2021年）

攻守ともに [4-4-2] を使うチームはJ1では少数派だが、福岡はその一つに挙げられる。ワンサイドに絞る守備とロングボールを使い、堅守速攻を貫く

37

4-4-2 攻撃の弱点

ビルドアップ重視なら可変システム

　パスをつないでビルドアップするとき
は、お互いが斜めの位置関係になるこ
とが重要です。なぜなら、ボールを受け
たときに自然と相手ゴールへの視野を
確保できる体勢になり、前へ進みやすく
なるからです。

　ところが、[4-4-2] は偶数、偶数、
偶数のシンプルな3ラインなので、お互
いの初期の立ち位置が、前後左右にそ
ろっています。間に入るポジションがな
いので、斜めの位置関係が少なく、パス
をつなぐには不向きな立ち位置になって
います。

　また、[4-4-2] はコンパクトさを生み
出しやすい陣形ですが、パスをつなぐビ
ルドアップ時は、相手のプレッシャーを
避けるため、幅と深さを作り、ピッチを
広く使うことが大切です。しかし、コン
パクトな [4-4-2] ではその広さがない
ため、攻撃の開始時に、縦にも横にも
各プレーヤーが立ち位置をずらさなけれ
ばならないため、どうしても移動の時間
が必要になります。

　そのため、シンプルな堅守速攻ではな
く、ビルドアップを取り入れようとする
のであれば、守備時には [4-4-2] を採
用し、攻撃時はワンボランチや3バック

ワンボランチへの可変

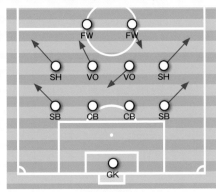

可変システムの例。VOを1枚上げ、それに合わせてFWを
下げたり、SBやSHに幅を取らせて立ち位置を動かす。縦
にも横にも段が増え、斜めにパスをつなぎやすくなる

など、可変システムを用いて戦うチーム
が多く見られます。

2トップを縦にするシステム

3バックへの可変

[4-4-2] のままではパスを回しづらくなる弱点を克服するため、3バックへの可変システムを用いるチームも多くあります。

ボランチ（VO）の1枚を下げ、センターバック（CB）と合わせて3枚回しに変化し、ワンボランチを残します。相手が2トップの場合、最終ラインに1枚の数的優位が生まれることになり、特に左右CBをビルドアップの起点に使いやすくなります。また、外に広がったCBに押し出される格好で、サイドバック（SB）が高い位置を取ることができ、サイド攻撃を強化する利点もあります。

あるいはVOではなく、SBの片方がCBと並び、3枚回しに変化する方法もあります。その場合はVOが2枚ともに中盤に残ることになり、縦のパスコースは少し混雑しますが、安定感を高めるメリットはあります。

これらを相手の守備方法により、柔軟に変化させるチームもあります。たとえばワンボランチが相手のトップ下にマンマークされて困るときは、VOを2枚残す後者の形に変える。その場合はCB風にプレーできるSBなど、ユーティリティ性の高い選手も必要になります。

3枚回しへの変化

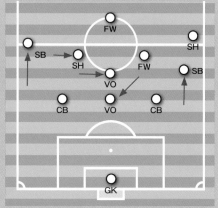

VOを1枚下げ、3バック＋ワンボランチに変化させた形。VOは真ん中に限らず、サイドへ下りてもいい。この図以外に、SBの片方を中へ寄せて3バックにするなど、他の変化も可能だ

【例】浦和レッズ（2021年）

リカルド・ロドリゲスが指揮する浦和は、[4-4-2] の守備の布陣から、攻撃時はワンボランチや3バックに変化し、多彩なビルドアップを行う。かつて同監督が指揮した徳島ヴォルティスも、同様の戦術を用いる

4-4-2 可変のメリット
選手の個性を柔軟に組み合わせる

[4-4-2] はパスをつなぐビルドアップに不向きですが、様々な形に変化させることで、選手の個性に合わせた攻撃システムを作ることができます。

たとえば名古屋グランパスは両サイドハーフ（SH）が、ドリブルや飛び出しなど縦の仕掛けに優れているため、ウイング気味に外に開いてプレーします。同時に2トップの片方が下がり目にプレーし、攻撃時は [4-2-3-1] へ。SHが外に開いて空いた中央のスペースは活動量に長けたダブルボランチ（VO）がカバー。さらにSHの攻撃性に合わせ、サイドバック（SB）はあまり深い位置へ行かず、守備的な選手がバランスを取ります。選手の個性を組み合わせた形になっています。

逆に、攻撃的なクロッサーのSBを起用したいのなら、SHは中に入ってプレーする選手を置き、トップ下のスペースをSHに使わせます。そうすればFWはクロ人に合わせるタイプを2枚置くことができます。FC東京でよく見られる形で、これも一つの組み合わせです。

[4-4-2] はビルドアップには向かない一方で、選手の個性を組み合わせ、立ち位置を少しずらすことで、様々な可変システムを作ることも可能です。

SHをウイング化させる

両SHの突破力を生かし、攻撃を[4-2-3-1] に変化させる。片方のSHのみ開かせ、反対側はSHが中へ入ってSBが上がるアシンメトリー（左右非対称）など、形は無限

【例】名古屋グランパス（2021年）

マテウスや相馬の突破力を生かした配置。柿谷がトップ下気味に、1トップに残った山﨑がポストプレーで起点を作り、ハードワーカーの米本と稲垣が中盤をカバーする。個性がかみ合った形だ

Part 3

4-3-3 1ボランチシステム の特徴とバリエーション

「4-3-3」 1ボランチ

4-3-3は、互い違いに斜めの角度を作りやすく、ビルドアップに向いている。
攻撃的なチームに好まれることが多いシステムだ。

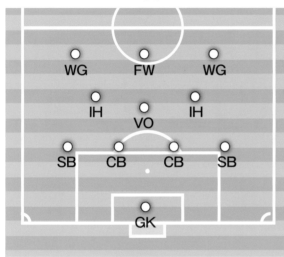

　[4-3-3] はピッチを広くカバーし、パスを回しやすい立ち位置を取ることができるシステムです。DF、MF、FWが互い違いに、すき間を埋めるように立ちます。これは全員が真縦、真横に並ぶ[4-4-2]とは大きく異なる特徴です。

　[4-4-2] は守備を密にしやすい一方で、攻撃時はパスコースを作りにくく、ビルドアップでは各自が動いて、斜めに立ち位置を取り直す必要がありました。

　しかし、[4-3-3] は初期配置の時点で斜めの立ち位置を取ることがクリアで

きています。センターバック（CB）がボールを持てば、インサイドハーフ（IH）とボランチ（VO）に等しく斜めのパスコースができ、その奥のFWを狙ったクサビも、MFの間を縫うコースが見えやすい。ウイング（WG）や反対側のIHも選択肢に含まれます。

　[4-3-3] は配置に立つだけで、豊富な角度、豊富な距離のパスコースが、互い違いに生まれる形です。そのため、パスを受けるために動き回る必要がないビルドアップ向きのシステムと言えます。

4-3-3 攻撃のメリット

3トップの攻撃力を生かしやすい

[4-3-3] は攻撃のメリットが多いシステムです。「斜めのポジション」を自然に取ることができるため、相手のプレッシャーを回避しながらボールを運びやすい。さらにピッチの横幅を広くカバーする形なので、ボールを大きく動かすことができ、ビルドアップでは大きな優位があります。

もう一つのメリットは、3トップの攻撃力を生かせることが挙げられます。両ウイング（WG）は、外からドリブルで仕掛ける選手が個の力を発揮しやすく、FWは中央でポストプレーなど、身体を張ったプレーが得意な選手が特長を出しやすい。担当エリアが左、右、真ん中とはっきり分かれるため、個人の得意なプレーが素直に出ます。

特にWGは重要です。利き足と同じサイドでは縦に突破してクロス、あるいは利き足と逆のサイドなら中央へ切り込んでシュートなど、様々な攻撃の起点になります。周囲との相性も大事で、クロッサーのWGなら、クロスに飛び込める味方が必要ですし、あるいはパッサーのWGなら攻撃的にオーバーラップするサイドバック（SB）とコンビを組むなど、様々な組み合わせが考えられます。

斜めの関係

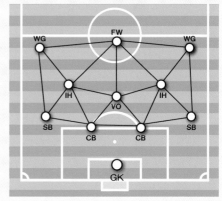

[4-3-3] に立つと、お互いが斜めの位置関係となる細かいトライアングルが多数できる。パスの角度や距離が豊富で、ボールを動かしやすい

WGの個の力を生かす

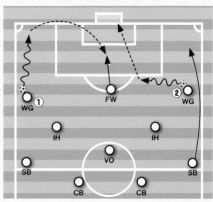

クロスが得意なWG（①）、カットインが得意なWG（②）、司令塔的にプレーするWGなど、周囲はその特長に合わせて連動する

4-3-3 攻撃の弱点

メリットが小さいと相対的に不利

4
-
3
-
3

　[4-3-3] では攻撃面の弱点は特にありません。ただし、後述しますが、守備面では問題を抱えやすい形であり、攻撃面でのメリットがあまり得られないようだと、相対的に守備のデメリットを強く感じることになります。

　例えば、ウイング（WG）に仕掛けの力が不足している場合、その選手を高い位置に固定するメリットが薄くなり、[4-3-3] を使う意味がなくなります。

　WG以外にも、ワンボランチ（VO）はシステムのへそになる存在です。360度に広がる多くの味方と連係できるメリットはありますが、同時に360度の多くの敵からプレッシャーを受けるポジションでもあります。状況認知、判断の早さ、ターンの巧さなど、シンプルなスキルを備えたプレーヤーがVOにいなければ、ビルドアップは詰まりがちになります。

　その他、インサイドハーフ（IH）に課せられる役割も多彩なものになります。FWやWGのサポート、VOのカバーなど、広範囲に働ける運動量が必要です。

　このように、攻撃時に各ポジションで求められる役割が全体的にはっきりしているため、それに適したスキルを持つ選手がいなければ、[4-3-3] は攻撃のメ

ワンボランチの３６０度プレー

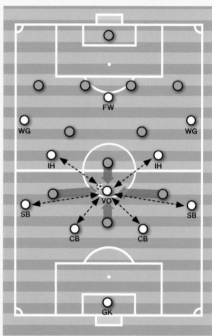

システムのへそとなるVOは、360度の多方向からプレッシャーを受けるが、それを外せば、味方に時間とスペースを与えることができる。シンプルで速いプレーが必要

リットが小さくなってしまいます。

　また、全体的にワイドに広がる形となるため、選手間の距離が広がりやすいシステムでもあり、個人で打開する能力も必要となります。

4-3-3 守備のメリット

威力あるショートカウンターを打てる

[4-3-3]は攻撃重視のシステムです。守備のメリットとしては、前線に3トップがいるため、高い位置からプレスをかけやすいことが挙げられます。ZONE3へのハイプレスでボールを奪うことができれば、3トップの個の力を生かし、威力のあるショートカウンターを打つことも可能です。

また、相手チームがそれを恐れた場合は、相手サイドバック（SB）は高い位置を取りづらくなり、厚みのある攻撃を食らうリスクが減ります。このように全体的な駆け引きで優位に立てる可能性もあります。

ボールを奪われた瞬間のカウンター対応でも、2人のセンターバック（CB）と3人のMFが中央のスペースを埋めやすく、危険なスペースを封じることができます。そこでボールを奪い返すか、あるいはサイドへ追い出して遅らせ、リトリートするかは状況に合わせて選択できます。

[4-3-3]は初期配置で攻撃の形がある程度決まっているため、的確にスペースが埋まった状態で、バランスの良い攻撃を行いやすいです。そのため、ボールを奪われた瞬間のカウンター対応も、整理しやすくなります。

3トップを起点にカウンター

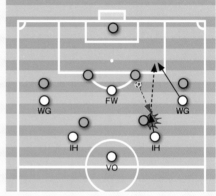

中盤でボールを奪ったとき、3トップがショートカウンターを仕掛けやすい。相手SBを低い位置に留める効果もある

ボールを奪われた瞬間の対応

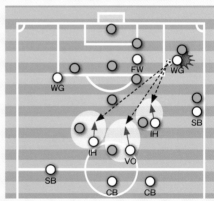

中央のスペースを埋めている2人のCBと3人のMFが、相手のカウンターの起点を潰したり、クリアボールを拾ったりと、即時の対応を可能にする

4-3-3 守備の弱点

前線と中盤の横幅をどう守るか

4
-
3
-
3

　[4-3-3] は前線と中盤が3枚ずつなので、4枚に比べると、横のすき間が広くなります。前線ではウイング（WG）が両サイドを抑えれば、真ん中のFW周辺で相手センターバック（CB）が浮き、WGが相手CBへアプローチすれば、サイドで相手サイドバック（SB）が浮いてしまいます。

　MF3枚にも同じことが言えます。これらの対応をどう整理するかが、[4-3-3] の守備のポイントです。

　大きく分けると、[4-3-3] を維持して横ずれしながらハイプレスに行くか、あるいはWGを下げて [4-1-4-1] 等に変形しながら全体がリトリートするか、二つの方法があります。これらをZONEごとに使い分けるチームも多く見られます。

　WGを高い位置に残して [4-3-3] を維持する場合は、守備の人数が最小限になるため、非常に攻撃的な戦い方になります。採用するのは各国リーグの王者レベルがほとんどです。

　プロのサッカーでは、失点が重くのしかかります。守備の人数が少ないことは明白なので、失点がかさめば、WGを下げて [4-1-4-1] 等に変形するチームが圧倒的に多くなります。

[3-3] のすき間。中を埋めれば…

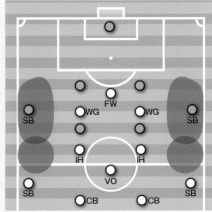

3トップが中のスペースを埋めれば、相手SBが浮いてしまう。3人で横幅をどう守るかが課題。同じ課題は中盤3枚の箇所でも発生する

[3-3] のすき間。外に張り出せば…

一方、WGが広がってサイドの守備に行けば、相手CBが1人浮く。相手のビルドアップの起点が自由になる

4-3-3 Zone3の守り方

WGが横ずれしながらプレス

　[4-3-3]でZONE3からハイプレスを仕掛ける場合は、高い位置を取る3トップが相手DFに寄せ、後ろはそれに合わせて人を捕まえて行きます。

　相手が3バックなど、最後尾3枚でビルドアップを行う場合は、3対3の同数でプレスがはまりますが、相手が4バックの場合は、FW1枚で相手センターバック（CB）2枚と対峙する形になり、捕まえ切れなくなります。

　このとき、逆サイドのウイング（WG）が、大外の相手サイドバック（SB）を捨てて横ずれし、相手CBへのプレスに加勢するのが最も一般的です。ボールを奪った

瞬間、そうすることで3トップが前線に残っているため、強力なカウンターを仕掛けることができます。

　あるいは［4-1-4-1］に近い考え方ですが、インサイドハーフ(IH)が前へ行き、縦ずれして相手CBを捕まえる方法もあります。ただし、その場合はWGが少し下がり、相手SBのマークと中央のカバーを意識して立ち位置を取ることになり、この方法では3トップが高い位置に残ることができません。ボールを奪った瞬間にショートカウンターに参加しづらく、3トップの攻撃力を充分に生かせなくなってしまいます。

WGが相手CBへ寄せる	IHが寄せると…

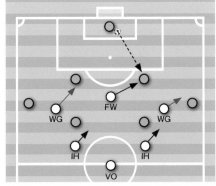

FW1枚では足りない相手CBへ、逆サイドのWGが横ずれして寄せる。逆サイドへ展開されたら、IHやSBがカバーする

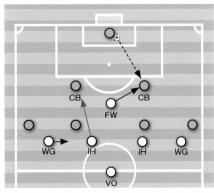

WGの横ずれではなく、IHの縦ずれによって相手CBへのプレスを行う形。ボールを奪った瞬間のWGのポジションが低くなるため、カウンターで3トップが生きづらい

派生システム **ZONE2の守り方❶**

4-1-4-1への変形

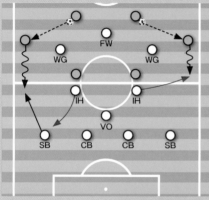

MFの負担が大きすぎるので……

中盤の両サイドに空くスペースを埋めるためには、MF3人にかなりの運動量が要求される。崩される危険も大きい

[4-1-4-1] に変形する

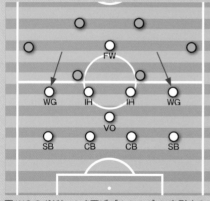

両WGのポジションを下げ、[4-1-4-1] に変形する。ZONE3で [4-3-3]、ZONE2で [4-1-4-1] の可変システム

　ZONE2で構えたとき、[4-3-3] は中盤の両サイドが空くため、このスペースを使って攻撃を仕掛けられやすい状態になります。そこにサイドバック（SB）が出て対応すれば、その背後をMFがカバーせざるを得ず、MFがサイドに出て対応すれば、中央にすき間が空いてしまいます。いずれにせよ、中盤を3人で守らなければならないため、MFにかなりの運動量が要求されることになります。

　このように3トップを前線に残したまま、[4-3-3] で守り続けるのはスペースを崩されるリスクが高く、MFの負担も増大します。

　そこで、ZONE3では [4-3-3] のハイプレス機会をうかがいつつも、外されてZONE2にボールを運ばれたら、両WGを下げて [4-1-4-1] に変形して構えることが多く、ほぼ全てのチームがそうと言っても過言ではありません。

　ウイング（WG）が中盤のサイドを抑えることで守備は安定します。その半面で、FW1枚では相手のビルドアップを制限し切れないので、機を見てインサイドハーフ（IH）が前に出ますが、全体的には低めに下がって待ち構える形になります。

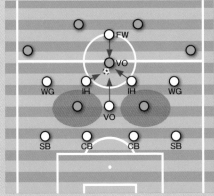

1トップの背後に注意

- FW
- VO
- WG　IH　IH　WG
- VO
- SB　CB　CB　SB

1トップの背後、両IHの間でボールを受けられると、芋づる式にすき間を崩されてしまう。全体をコンパクトに、すき間を圧縮したい

【例】FC東京（2021年）

- FW　D・オリヴェイラ
- WG アダイウトン　IH 東（安部）　IH 三田　WG 田川
- VO 森重
- SB 小川　CB J・オマリ（岡崎）　CB 渡辺　SB 中村
- GK 波多野

開幕当初は［4-3-3］でWGを高い位置に残したが、ZONE2やZONE1でサイドに対応し切れず失点がかさむと、自然と［4-1-4-1］に帰結した

FWの背後、VOの脇に注意

　[4-1-4-1] は両サイドを安定してカバーできる形ですが、ビルドアップの起点となる相手センターバック（CB）が1枚フリーになるため、中盤のすき間へ縦パスを入れられるケースが増えます。

　特に注意しなければならないのは、自分たちの1トップ（FW）の背後です。このスペースで相手のワンボランチ（VO）にボールを受けられると、誰がマークに行くのかが曖昧になり、ビルドアップの起点を作られてしまいます。ここでFWの背後をどう埋めるのかが、守備の最初のポイントです。

　対策の一つとして、FWが下がって相手VOをマークする方法はありますが、その場合は相手CBが2枚共にフリーで運べる状態になり、さらに深く押し込まれます。一方、自分たちのVOが前に出てマークすれば、中盤とDFラインの間隔が空いてしまい、IHの片方が行けば、サイドとの間にすき間ができます。かといって、相手VOを誰もマークせずにフリーで前を向かせると、次はこちらのVOの両脇のスペースなど、角度を変えながら順々に崩されてしまいます。

　相手はFWの背後でボールを受けることで、誰かを釣り出し、そこで空いたスペースを素早く狙ってきます。だからこそ、急所となるスペースを簡単に使われないように、全体をコンパクトにし、すき間を縮めて対応することが重要です。CBなど周囲の味方がすぐに迎撃できる距離感を保つことができれば、大きな穴にならずに済みます。

4-3-3 ↓ 4-4-2

派生システム **ZONE2の守り方②**

4-4-2への変形

片方のWGが下がり…

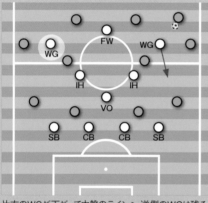

片方のWGが下がって中盤のラインへ。逆側のWGは残る。
左右のWGに非対称な守備タスクを持たせる

スライドして [4-4-2] へ

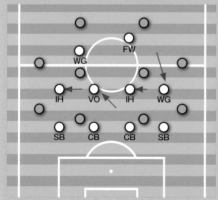

MF3人+WG1人がスライドし、[4-4-2]に近い体系を取る。
ZONE2で守備のバランスを取りつつ、前線に残したWG
の攻撃力を保つ形

　[4-3-3] を保つと、ZONE2の守備が破綻してしまうので、ウイング（WG）を下げてサイドをカバーさせたい。しかし、両WGを下げて[4-1-4-1]に変形すると、お尻が重くなりすぎるのが難点です。

　そこで下げるWGを片方のサイドに留め、[4-3-3] から [4-4-2] に変形して守備をするチームもあります。

　たとえば、守備時に右WGが相手サイドバック（SB）を見ながら下がり、4人になった中盤全体を左サイドへスライドする。左WGは下がらず、1トップと同じラインで2トップ気味に構えます。攻撃時の [4-3-3] から、守備時は [4-4-2] に変形する可変システムです。WGは左右で異なる役割を持つことになります。

　一時期のユヴェントスで、左WGにクリスティアーノ・ロナウドが入る形で導入され、FC東京も同じく左WGにレアンドロが入る形で、この可変システムを実践したことがあります。WGの個の力と、守備のバランスを両立させたシステムです。

　ただし、このやり方はアンタッチャブルな存在が生まれがち。それ以外の選手がはまらなかったり、あるいは守備要求の違いから不満が出たりと、マネージメントの難しさはあります。

4-3-3 Zone2の守り方

[4-3-3]を維持する外切りプレス

[4-3-3] はZONE2とZONE1の守備に問題が増えるため、ほとんどのチームは [4-1-4-1]、あるいは [4-4-2] への変形で対応します。

一方、[4-3-3] を維持してZONE2の守備を行うチームもありますが、その場合はサイドに空くスペースにどう対応するか、工夫が必要になります。

その手段として近年増えてきたのが、「外切りプレス」です。ウイング（WG）が中へ絞りながら相手センターバック（CB）へ寄せ、元々対峙していたサイドバック（SB）を背中で消します。相手のビルドアップを中へ誘導し、サイドを使わせないように仕向けるわけです。

しかし、縦パスを中へ誘導するのはリスクがあり、守備の原則からも少し外れています。そこで球際へ強く行き、たとえボランチ（VO）経由でSBへ展開されても、鋭くスライドして寄せ続けるMFの守備力は必須になります。

そんなリスクと負担がありつつも、やはりこの守備の最大のメリットはカウンターです。元々はリヴァプールが導入し始めた戦術ですが、ボールを奪った瞬間に3トップが前線に残っているため、カウンターの破壊力が大きく増します。リスクよりリターンを求めた戦術と言えます。

WGが「外切りプレス」

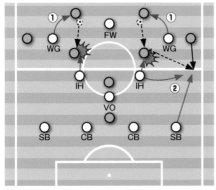

WGが外切り（①）で寄せて中へ誘導し、相手VOに襲いかかる。奪い切れずに相手SBへつながれてしまったら、IHがスライドするか、SBが出て対応する（②）

【例】川崎フロンターレ（2021年）

「外切りプレス」により、3トップ中心のカウンターが威力を高めた。守備のリスクに見合うだけの3トップの能力と、MFの負担を軽減できるゲーム支配力がなければ成立しない

4
-
3
-
3

4-3-3 Zone1の守り方
[4-1-4-1] は安定感あり

　4バックでZONE1の守備を行うときは、サイドバック（SB）が空けたすき間をカバーする「5人目原則（P.32参照）」が重要になります。

　[4-3-3] から [4-1-4-1] へ移行するシステムの場合、ZONE2〜ZONE1では、DF4枚とMF5枚の [4-5] で構えるため、枚数はそろっています。サイド攻撃に対してはウイング（WG）が下がれば対応でき、最終ラインにすき間が空いても、ワンボランチ（VO）が近くでカバーできます。また、そうやって最終ラインのカバーに1人を回したとしても、尚、中盤には4人が残ります。サイドも中央も封じやすい形です。

　一方、[4-4-2] への変形を伴う可変システムの場合、[4-5] ほどの安定感は出ませんが、[4-4] でZONE1の守備を構築することができます。

　この場合も、「5人目原則」をどう整えるかが大事です。中盤に下がったWGは攻撃の選手なので、マンツーマンで相手SBに付いて下がるシンプルな決め事にするか、あるいはVOにSBの背後をカバーさせ、WGは中盤に残すか。この辺りは選手の特長次第ですが、決め事を曖昧にすると、WG周辺の連係不足から突破される危険があるので、要注意です。

[4-5] は最終ラインをカバーしやすい
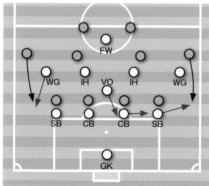

[4-1-4-1]の場合、ZONE1では[4-5]で構えることになる。最終ラインのカバーがわかりやすく、中央もサイドも安定して守ることができる

[4-4] も比較的安定
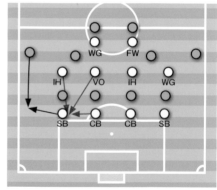

[4-4-2] に変形した場合も、比較的安定はしているが、中盤の誰が戻るかの「5人目原則（P.32参照）」を整える必要がある

4-3-3 Zone1の守り方
決め事のZONE間のつながり

　[4-4-2]の項でも説明しましたが、「5人目原則（P.32参照）」を定める際に注意しなければならないのは、ZONEの間のつながりです。

　たとえばZONE2を［4-1-4-1］で守る場合、ウイング（WG）が比較的早めに下がり、インサイドハーフ（IH）が相手ボランチ（VO）に規制をかけることが多くなります。そうなるとZONE1で、IHがサイドバック（SB）の背後までカバーするのは距離が遠く、間に合わないケースが多発します。ZONEの間をつながりで考えなければ、決め事の辻褄が合わなくなってしまいます。

　逆にIHに5人目のカバーを任せたいのなら、ZONE2でIHが相手VOを追いすぎず、多少押し込まれてもステイすることで、ZONE1でIHがSBの背後をカバーすることができます。

　ただし、全体が下がるデメリットをどう捉えるか。そこが戦略的に受け入れられないのなら、「5人目原則」は他のポジションに任せるべきかもしれません。場合によっては、VOやWGの人選に影響します。

　5人目原則はZONE1だけでなく、全てのZONEの間のつながりを考慮し、整えることが大切です。

ZONE2の守備タスクと両立できない

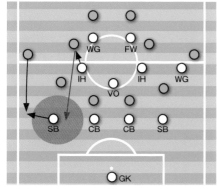

ZONE2で高い位置へ寄せるタスクを担うと、ZONE1でSBの背後まで戻るのが難しく、ZONEごとのタスクを両立できなくなる

調整すれば可能。ただし…

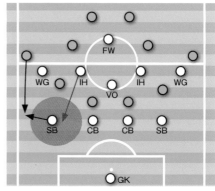

ZONE2で相手VOやCBへの深追いを控えれば、ZONE1でIHを「5人目原則（P.32参照）」に含めることは可能。ただし、全体が低く下がることになる

4-3-3 Zone3の守り方
守備[4-3-3]を貫くのは至難

4
-
3
-
3

　ZONE3に至るときの守備を考えるとき、最も難しいのは、[4-3-3]を維持して守備を行うケースです。

　やはり中盤の両サイドにスペースが空きます。多くのチームはサイド攻撃に3人を掛けて来るため、[4-3-3]で対応すると、サイドバック（SB）とインサイドハーフ（IH）、もう1人はセンターバック（CB）が出ることになってしまいます。これは大きなリスクを伴います。

　CBがサイドへ出たら、ワンボランチ（VO）が下がるメカニズムにして、空いたマイナス方向へのパスコースは逆のIHが絞る。このような連動を緻密に組み立てても、実戦では間に合わないチームがほとんどです。

　逆に「サイドで2対3の数的不利になっても仕方ない」と割り切るのも、一つの考え方ですが、その場合はクロスを跳ね返せる、屈強なCBが必要になります。

　[4-3]の最少人数で守れてしまうのは、川崎フロンターレやリヴァプールの強みです。失点のリスクを受け入れ、攻撃のリターンを追い求める覚悟の象徴でもあります。ただし、一方で対戦相手によっては片方のWGだけを守備に下げ、[4-4-2]風に守るなど、臨機応変にバランスを調整する試合があるのも事実です。

サイドで2対3の数的不利

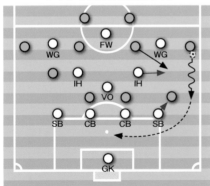

相手のサイド攻撃に対し、IHとSBが出て行くが、1人足りない。フリーでクロスを入れられる場面が増え、対人戦に勝てるCBが必須になる

数的不利を防ぐなら…

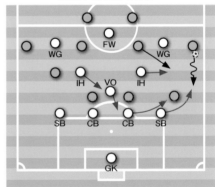

CBがサイドへ出て、3対3の同数にする。同時にVO、反対側のIHがカバーを連動させなければならない。実戦では間に合わないことが多く、リスクは大きい

Part 4

3-4-3 2ボランチシステム の 特徴とバリエーション

「3-4-3」 2ボランチ

3バックはかつて、「守備のシステム」と考えられていたが、現代サッカーでは
攻撃のメリットを獲得するために3バックを用いるケースが増えている。

3-4-3

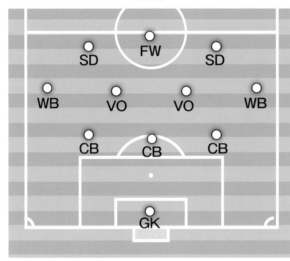

POSITION

③ FW …フォワード
SD …シャドー

MF ミッドフィールダー

④ VO …ボランチ
WB …ウイングバック

DF ディフェンダー

③ CB …センターバック

① GK …ゴールキーパー

3バックの捉え方は、現代サッカーで大きく変わったことの一つです。

もともとは「守備のシステム」であり、5バック化を含めて、後方を余らせるためのシステムとして考えられました。ところが、最近は攻撃の視点で、後方のビルドアップに人を確保するための3バック、あるいは中央のエリアに人を集めるための3バックなど、攻撃面でメリットを獲得するシステムとして捉えられるようになっています。

3バックの問題は、センターバック（C

B）を3枚置くため、初期配置で後ろに人が厚くなることです。それをいかに解決するか。[4-4-2] では、何となく並んだだけでも、ある程度はバランスを取ることができますが、同じことを3バックでやると、後ろの重さから、全体が自然と下がったシステムになってしまいます。

裏を返せば、監督が細かく戦術を落とし込まなければ、3バックは攻撃的な絵を描けません。その特徴が、3バックを使うチームの戦術的な色を濃くする要因でもあります。

3-4-3 攻撃のメリット

ビルドアップが安定する

[3-4-3]など3バック系システムは、後ろに3枚のセンターバック（CB）が入るため、4バック時の2人のCBよりも横のサポートが多く、ボールを持つこと自体は安定します。

ビルドアップ時はペナルティーエリアの幅くらいに、3人のCBが立ち、その外側でウイングバック（WB）がワイドに幅を取ります。相手が2トップでプレスをかけて来たら、3対2でCBが1枚フリーになり、3トップで来たら、WBが少し下がることでCBからボールを逃がすことができます。

このようにポジションを大きく崩さず、ビルドアップの配置で安定感を得られるのは3バックの大きなメリットです。

4バックの場合も、ダブルボランチの1枚を下げたり、サイドバック（SB）を片上がりさせて反対側のSBが中へ寄ったりと、3枚回しに変形する方法はあります（P.39参照）。ただ、3バックの場合はそれが元々の状態なので、ビルドアップ時にポジションを移動させる必要がなく、安定感が高くなります。また、後ろを固定すれば、その起点からどう縦パスを入れていくのか、先の絵を作りやすくなるメリットもあります。

2トップに対してCB1枚が空く

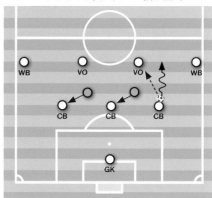

相手が2トップでプレスに来れば、3バックの1枚が空く。この1枚を使って縦パスを入れたり、ドリブルで運んだりすることができる

かみ合う場合はWBへ

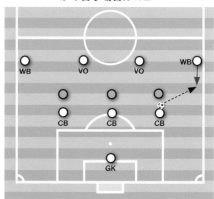

相手が3トップでプレスに来れば、CB全員が1対1でかみ合う。この場合はWBが少し下がってサポートし、ボールを逃がす場所を作ればいい

3-4-3

固定 or流動?
メリットとデメリットがある

　ただし、元々が3バック故にビルドアップ時のポジションを動かす必要がないことを、メリットと捉えるか、デメリットと捉えるかは、チームや監督によって様々です。

　なぜなら、動かないことで安定感を得られる一方、動かないために形が固定化し、相手に捕まりやすくなる一面もあるからです。4バックでシステムを組み、途中で3枚回しに変形するビルドアップのほうが、ポジションの流動性が高く、攻撃が勢いづくことはよくあります。

　もしも、形を固定した3バックが相手のプレスに捕まってしまう問題が現れたときは、個人の小さなオフザボールの駆け引きやボールの置き方で局面的に解決するか、あるいは全体の形をずらして運ぶなど、もう一つ先の絵が必要になります。その絵をどう考えるかで、個人の技術が目立ったり、組織的な連係が目立ったりと、チームの色が見えてきます。

　また、最近は可変システムでも、明確に手順を定め、システム変形をするチームが世界的に増えました。お互いの顔を見ながら都度連係してポジションを取り直すよりも、決めた形に移動させるほうが選手にはわかりやすいです。ただ、これも同様に、柔軟性や流動性が下がる

固定すると捕まりやすい

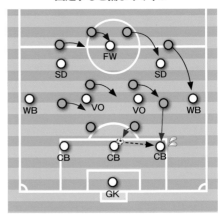

3バックは数的な優位性がある一方で、最初から形が固定されるため、相手のプレスに的を絞られ、捕まりやすいデメリットがある

可変システムは流動性が増す

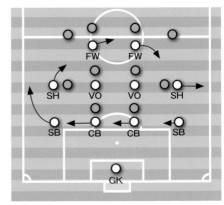

一方、4バックから3枚回しへ変形する場合、最終的には上記と同じ形だが、相手に捕まりづらい。また、選手が柔軟に判断して変形の要否を決めるやり方にすると尚、流動性が増す

デメリットはあるので、チームや監督によって考え方は様々です。

3-4-3 攻撃のメリット

1トップ・2シャドーの3枚連係

[3-4-3]のダブルボランチの場合、FWに3枚を起用できるため、1トップ・2シャドー（SD）、あるいは2トップ・1SDなど、3人が近い距離で連係を取りやすくなるメリットがあります。お互いが斜めに立ったり、段差を付けたりと、立ち位置で工夫をしやすくなります。

2トップでも2人で連係することはできますが、やはり2人と3人では大きく違います。「3人目の動き」と言われたりもしますが、DFが2人分の動きを管理するのは認知レベル的に難しくありません。2トップの1人が下りて1人が前へ出るとすれば、2×2で4パターンですが、3人に増えることで、2の3乗で、連係が8パターンに増え、DFが管理し切れなくなってきます。これを考えると、攻撃面において前線を2枚から3枚に増やすメリットは非常に大きいと言えます。

一方、[4-4-2]の場合は、サイドハーフ（SH）が中へ入り、動きながら3人目を作ることになります。流動的に3人に変化させることをメリットと考えるか、あるいは最初から固定された3人のコンビネーションを作り込めることをメリットと考えるか。これも前頁同様、チームによって様々です。

下りる＆飛び出す、豊富なパターン

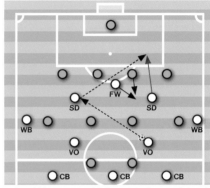

3人の連係はパターンが豊富。たとえば、1トップが下がって相手CBを釣り出し、空いたスペースへ3人目の動きでSDが飛び出す。一瞬、左側のSDに注意が向くため、成功しやすい

[4-4-2]は流動的に3人を作る

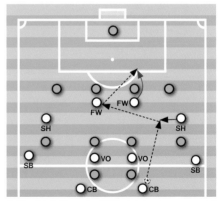

初期の立ち位置で3人の関係にならないシステムでは、動きながらそれを作る。柔軟性があり、相手に捕まりにくいのがメリットの反面、パターンを作り込みづらいデメリットも

3
-
4
-
3

3-4-3 攻撃の弱点

効果的だけに流動性に欠けやすい

攻撃に関しては、ビルドアップ時の3バックや、前線の1トップ・2シャドーなど、それぞれのゴールに近いエリアで数的な優位性を得られるシステムなので、難しさはありません。

弱点があるとすれば、前述したように流動性が生まれづらいことです。効果的な立ち位置を取ることが、自分たちにも相手にもわかりやすいので、人の顔が変わらなければ、相手も試合中に慣れてきます。3バックの場合は効果的な立ち位置から、あまり動いて欲しくないのがベースになっているので、それをデメリットと感じると、停滞感が強くなってきます。

決まったポジションに着いたところから「何をするか」に焦点があれば、固定的な3バックでも良いですが、もう少し流動性を与えた中で選手の感覚的なものを呼び覚ましたいのなら、あまり固定せず、4バックからポジションを動かしながら攻撃に優位性を作るほうが良いかもしれません。

3バックは効果的な立ち位置を取りやすい一方、流動性の欠如による停滞感が発生しやすいシステムでもあります。特に日本人の場合、ポジションを固定す

ハマった状態から動きづらい

窮屈！動きたい！

出しどころがない…

たとえば、図のようにプレスをかみ合わされた場合、CBは選択肢に詰まりがち。1トップ・2SDが3対3の局面を突破できればいいが、破れない場合はどうするか。
CBが大外に開いてWBを押し上げたり、逆にWBが下がってSDがサイドの裏へ流れたりと、立ち位置をずらす方法はある。ただし、いずれも3バックや1トップ・2SDが、3人の優位性、つまりシステムの前提を崩すことになり、自然、即興的に行うのは難しい。チームで準備する必要がある

るやり方を窮屈に感じる選手が、攻撃陣を中心に多く見られるので、チーム作りの際に考える必要があります。

3-4-3 攻撃の弱点

3バックから4枚回しへの可変

[3-4-3] はそのままでは立ち位置が固定的になりやすく、停滞の可能性もあるシステムですが、変形のパターンを整理すれば様々な形に変えることができます。

たとえば、北海道コンサドーレ札幌を指揮するミハイロ・ペトロヴィッチ監督は、これまでに紹介した4バックから3バックへ変形する形ではなく、逆に基本は3バックの状態から、ボランチ（VO）の1枚を下げ、4バックに変更してビルドアップする戦術を好みます。

ひとまず最終ラインに数的優位を作って相手のプレスを惑わせ、その上でワイドに幅を使って攻撃を展開します。また、VOが下がったとき、左右センターバック（CB）は1枚ワイドに出て、ウイングバック（WB）は中へ入り、シャドー（SD）は少しサポートに下がり、主に左サイドで立ち位置をローテーションさせます。このように全体のバランスを崩さないまま、相手を惑わせる攻撃の連係が多く見られます。

この場合、元々が [3-4-3] で前線に3枚を割きながら、VOも1枚下げるため、中盤は空洞化しがちです。ただし、チームとしてそこは使わず、ピッチの幅を生

4枚への変化でローテーション

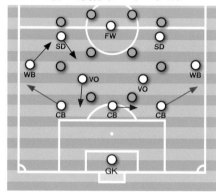

VO1枚を下げ、4枚に変化。左右CBがSB化する。同時にWBが中へ、SDが少し下がり、サイドでローテーションして相手の守備を惑わせる。中盤が空洞化するため、あえてそこを避け、両サイドを広く使って攻める

【例】北海道コンサドーレ札幌（2021年）

VO1枚が下がり、4枚回しに変形して左サイドでローテーションを行い、チャナティップの技術、福森の攻撃力を動かしながら生かす。時にはVOが2枚共に下がり、両サイドでローテーションすることも

かしたロングボールで攻撃を組み立てる狙いが明確なので、4バックへの変形によって、サイドの幅を使った攻撃に人数をかけることができます。

中央の優位性を捨ててでも、チームの戦術的な狙いを濃くする。3バックは立ち位置に偏りがあるシステムなので、導入するときには札幌のように明確な動機、狙いがセットになります。

逆にそれがないチームは、均質的にバランス良く選手を並べる［4-4-2］系に落ち着いていきます。

GKを使ったビルドアップ

上記のように3バックからの可変システムを使う理由として、「相手を惑わす」以外に、GKを使ったビルドアップを重視することも挙げられます。

特にZONE1の場合、3バック中央のセンターバック（CB）は、GKと立ち位置が重なりがちです。札幌のようにボランチを下げることで4枚回しの形に変えれば、GKが真ん中でビルドアップに絡みやすくなります。4枚回しへの変化は、VOを下げるだけでなく、CBの1人をサイドバック化させてサイドへ押し出すか、あるいは欧州サッカーではCB1枚がVOの横へ上がることも時折見られます。

サガン鳥栖など足元のスキルが高い

変形してCBの間にGKを入れる

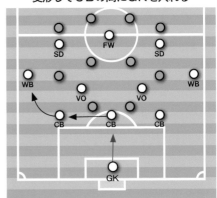

CBを片方のサイドへずらし、2CBの間にGKを立たせてビルドアップ。GKがゴールを離れすぎるのはリスクが大きいため、この形で高い位置には行きづらいが、低い位置では有効

【例】サガン鳥栖（2021年）

中野がSB化し、エドゥアルドが左サイドへずれ、その間に技術に長けたGKパク・イルギュが入る。GKを生かすと同時に、札幌同様、左サイドでローテーションを行うことができる

GKを擁するチームでは、低い位置のビルドアップに3バックを残す必要がないため、このような可変システムを用いることがあります。

3-4-3 守備のメリット

数的優位で守りやすい

数的優位になりやすい

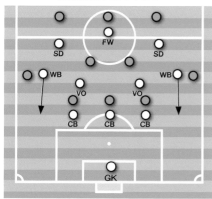

3バックは真ん中を3枚で抑え、両WBが下がれば5バックになる。数的優位で守りやすく、相手が5トップにしても、数を合わせて対応できる

思い切ってチャレンジしやすい

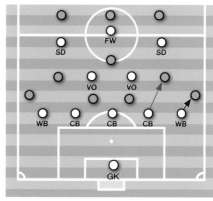

後ろが余った状態でスタートするので、思い切ってポジションを離れ、チャレンジしやすい。4バックのCBはより慎重さが求められるが、3バックのCBは大胆に決断できる

　3バックの守備におけるメリットは、DFが守りやすいことです。中央に3枚、両ウイングバック（WB）が下がれば5バックで対応するため、最終ラインに人が多くなります。

　相手が4枚で攻撃を仕掛けてきたら、1人余ってチャレンジ＆カバーで対応でき、相手が5枚を張らせて来たとしても、5枚で対応できます。相手のほうが余る、ということは基本的に起きません。

　一方、4バックの場合は同数、相手のほうが多い状況も頻繁に起きるので、DFが「前に出ない」という選択を、より慎重に選ぶ必要があります。

　3バックは後ろを余らせた状態でスタートするため、守備時も大胆に前へチャレンジすることができます。タスクがはっきりするので、選手も判断しやすい。3バックはそうした特徴があります。

　3バックを選ぶ上で、決め手になるのは、4バック時のセンターバック（CB）とサイドバック(SB)がいるかどうかです。

　真ん中を2枚で守るには、強さに加えて、「行く」「行かない」の瞬間的な判断をできるCBが2枚必要です。しかし、そこに選手を確保できないのなら、3バックでDFの判断をシンプルにしたほうが、最後の守りは安定します。

3
-
4
-
3

3-4-3 守備の弱点

高い位置でのプレスに問題を抱える

　前頁で説明した守備のメリットと引き換えに、3バックにすることで後方が重くなるため、高い位置からの守備に問題を抱えることが多くなります。この状況にどのように対処するかを、戦術的に落とし込まなければいけません。

　システム上、前線では数的不利になりがちなので、3バックから、「いつ、誰がプレスに飛び出して行くのか」、「どのように意図した状況へ持って行くか」のイメージをそろえなければいけません。これらの手順が明確でなければ、人が足りない場所から相手に簡単にビルドアップされて、自陣に下がりっぱなしになってしまいます。

　[4-4-2] の場合は、とりあえず配置通りに並べただけでも、ある程度のバランスを保つことができました。しかし、3バックで選手たちの判断に委ねると、高い位置からのプレスに人が足りないので、前へ押し返すタイミングをつかめず、ズルズルと下がってしまいがちです。

　防戦一方ではなく、積極的に3バックを運用する場合、配置の偏りを整理しながら戦う必要があるため、チームの戦術的な色合いが濃く、システマチックに見えることが多くなります。

高い位置の守備に行きにくい

空いた両サイドをケアするため、WBが下がって5バックになる。後ろは安定するが、高い位置の守備に人数が足りない。どうするか?

ＤＦの誰が、いつ出るか?

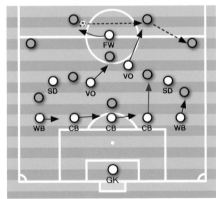

5バックからプレスに出て、連動する。たとえば相手の [4-3-3] に対し、CB1枚が中盤のプレスに出たら、最終ラインは4枚で構え直し、バランスを取る

3-4-3 Zone3の守り方

相手VOをどう抑えるか

一般的に3バックは高い位置からの守備に問題を抱えがちですが、[3-4-3]でプレスをかけるとき、特に困るのは相手ボランチ（VO）への対応です。1トップの脇や後方にスペースがあり、ここをどう抑えるかが難しくなります。

相手VOに対して、こちらのVOが早めに出て行くとバイタルエリアが空き、ロングボールに対してこぼれ球を拾えなくなります。逆にVOが行かず、相手VOに前を向いてボールを持たれると、自陣に下がって待ち構える形になります。

もう一つは、この相手VOに対し、VOではなく、シャドー（SD）が寄せ、3トップから守備をスタートする方法もあります。

この場合、高い位置からプレスをかけやすく、バイタルエリアも安定しますが、一方で相手サイドバック（SB）がフリーになって外回りでボールを運ばれやすく、ダブルボランチの脇が空く難点もあります。

いずれにせよ4バックに比べると、3バックは前線が1枚少ないため、堂々巡りでスペースが空くシステムではあります。高い位置からプレスをかけるのなら、人の数を合わせるか、形を変えるか、方針を整える必要があります。

相手VOを抑えるとバイタルエリアが空く

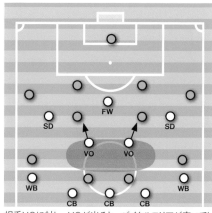

相手VOに対し、VOが出ると、バイタルエリアが空いてしまう。しかし、VOが留まると相手VOがフリーになり、ずるずる後退して [5-4-1] に帰結する

SDが中寄りに立つと…

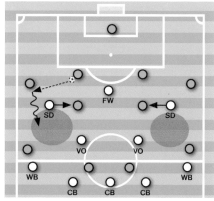

相手VOを、SDが抑える守備方法もある。しかし、相手SBやダブルボランチの脇が空きやすく、堂々巡りで問題は発生する。どこの守備を優先するか

3-4-3 Zone3〜2の守り方
人合わせで解決する

3
-
4
-
3

　前項のように、3バック系システムで高い位置からプレスをかけると、堂々巡りでスペースが空きがちです。この問題に対処するため、2020年途中から札幌が始めたのが、オールコート・マンツーマンでした。1対1で人を捕まえ、システムのずれを、人合わせで解決する方法です。元々、札幌のミハイロ・ペトロヴィッチ監督は［5-4-1］で自陣に下がる守備を行っていましたが、より攻撃力を高めるため、アグレッシブな守備に転換しました。

　各所のマークを明確に決めるため、配置のずれが起きず、高い位置からプレスをかけやすくなります。ただし、お互いのカバーが利きづらく、最終ラインも同数でかみ合うため、1対1の強さや走力がキーポイントになります。

　翌2021年は、頑なにZONE3から人を捕まえるのではなく、一旦ZONE2に構えて相手を引き込み、少しバランスを取るようになりました。そしてポゼッションの中で相手が背を向けた瞬間、バックパスに対して猛烈にプレスをかけ、一気に人を捕まえてZONE3へ押し返すなど、場面ごとにメリハリを付けたり、タイミングを計った守備が浸透しました。

マンツーマンで捕まえる

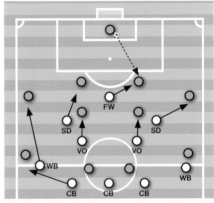

マークする相手を決めておき、明確に1対1で対応する。守備に形がない代わりに、ずれも発生しないため、3バックでも高い位置からのプレスがはまる

一旦ZONE2で構えて、押し返す

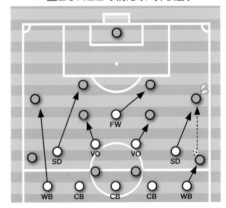

ZONE2で構えてパスを回させ、相手が後ろに下げる瞬間などに、一気に人を捕まえ、ZONE3へ押し返すようにプレスをかける。マンツーマンを発動するタイミングを計る

3-4-3 Zone3〜2の守り方

前線の形を変えてプレスをかける

3バックの高い位置からのプレスを、札幌のような明確なマンツーマンにせず、陣形の立ち位置で解決する場合は、ウイングバック（WB）やセンターバック（CB）が下がらず、前へ押し出して対応できるかが一つのポイントです。

よく見られる方法は、最初に3トップが高い位置でプレスをかけ、連動してWBが前へ出つつ、それが外されてZONE2やZONE1へ侵入された場合は、[5-4-1]に移行して全体を下げる。こうした2段階の守備を行うチームは、比較的多いです。

ただし、3トップが1トップ・2シャドーの形の場合、相手CBに1トップが寄せると、相手CBの1枚がフリーで前を向きやすく、いつでも縦パスが入ってくる状態です。そのためWBは前へ出るタイミングをつかめず、下がりっぱなしになります。基本的に3バックは前線に人が足りないので、何となく寄せると押し返せず、結局[5-4-1]で下がる傾向が強くなります。

そこで、たとえば前線を2トップ・1シャドーに組み替え、相手CBと同数でかみ合わせる。プレスが明確にかかれば、パスコースも限定されるため、WBは前に出やすくなります。このようにビルド

相手CBがフリーだと…

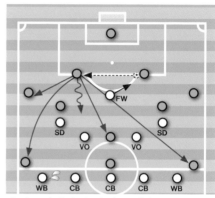

ビルドアップの起点となる相手CBを自由にし、前を向かれると、縦パスやドリブルで侵入される危険を感じ、WBが前へ出づらくなる

前線のかみ合わせを変える

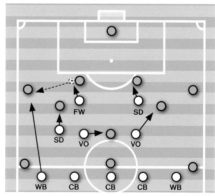

2トップ・1シャドーに変え、相手CBからの有効な展開を封じる。外回りに誘導し、WBが前に出やすくする。全体をマンツーマンにするわけではないが、プレスのスイッチとなる部分のみ、明確にかみ合わせる

3
-
4
-
3

アップのスタートになる中央のマークを明確にして、プレスをかけやすくするのは、欧州サッカーでもよく見る戦術です。

あえて浮かせる相手を決める

それ以外の方法として、あえて相手を浮かせる手もあります。

かみ合わせ上、相手センターバック（CB）が1枚フリーになるのなら、そこで浮く相手を明確に決めて、たとえば「右側のCBにはボールを持たせてもいい」という形で、周囲をマークします。この状況でプレスをかける、という設定が明確なので、ウイングバック（WB）は迷わず前へ出ることができます。

また、そこで浮かせた相手CBが、あまりビルドアップが得意ではなく、運ぶドリブルが苦手で、縦パスの精度も低い選手であれば、ミスを誘うこともできます。

3バックは前線に人が足りないシステムですが、相手のビルドアップをどう誘導するのかを明確に決めておくことで、WBやCBは前へ出るタイミングをつかみやすくなります。

こうした守備の細かい設定が必要になることは、3バックを採用するチームの戦術的な色合いが濃くなる要因の一つです。

「右CBは浮かせる」と決める

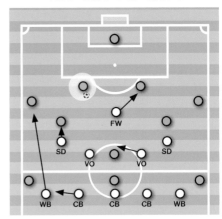

1トップは相手の左CBを抑え、右CBはあえてフリーにする。そこから周囲への近いパスコースは、WBなどが前へ出て封鎖する

ミスを誘発、あるいはカウンター狙い

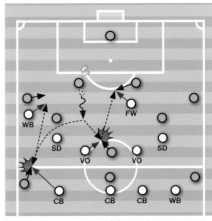

相手CBの特性によっては、自身のみがフリーになっても、ドリブルで運んだり、大きく展開したりする打開策がなく、選択に困ってミスが起きる。逆にCBがドリブルで運んで来たら、背後が空くため、カウンターを狙いやすい

Zone2の守り方

ブロックは[5-2-3]か[5-4-1]

[5-2-3] はすき間の対応が必要

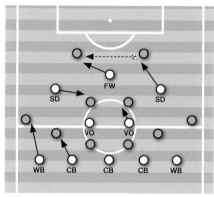

高めの位置から3トップがプレスをかけやすい一方で、中盤のすき間が空くため、後ろの5バックとダブルボランチが協力して対応する

[5-4-1] は前向きに守備ができる

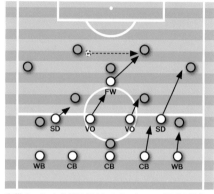

守備のスタート位置は低くなるが、ボールや相手を前方に捉え、全体が整った状態から前向きにプレスをかけられるメリットがある

ZONE2に引いてブロックを作り、待ち構えるときは、チーム作りのベースとして、守備のスタートポジションを[5-2-3]にするのか、[5-4-1]にするのかで、守備の考え方も二つに分かれます。

大きな違いは、1トップの横で相手ボランチ（VO）が受けるとき、シャドー（SD）がプレスをかけに行くのか、VOがかけに行くのか。前者は[5-2-3]、後者は[5-4-1]です。

[5-2-3]で立つと、ある程度高い位置からプレスをかけて敵陣へ押し返しやすくなりますが、ダブルボランチの脇など中盤のすき間は使われてしまいます。そのエリアについては、センターバック

（CB）やウイングバック（WB）が迎撃に出るなど、後ろの5枚とダブルボランチに任せるのは一つの考え方です。

一方、[5-4-1]で立つと、全体が低くなり、ZONE1に近づきますが、ブロックのすき間が閉じられ、前方にボールや相手を置いて、前向きに守備に行けるメリットがあります。

「前から寄せて、後ろが帳尻を合わせるのか」あるいは「先に後ろを整えた状態で、前向きにプレスをかけ始めるのか」をチームで明確にしておくことが大切です。

このように、中盤にブロックを敷くときは、二つの考え方に分かれますが、そこが曖昧になっているチームもあります。

3-4-3 Zone1の守り方

5人目原則を意識しなくてもいい

　4バックシステムの場合、ZONE1では「5人目原則（P.32参照）」を整理する必要がありました。状況に応じて、誰が5人目になって最終ラインのカバーに入るのか。これを整理しなければ、カバーの判断が個人任せで、組織的な守備が不安定になってしまいます。

　一方、3バックの場合は自然な流れで5バックが形成されるため、最終ラインが数的不利に陥ることはほぼなく、5人目原則を意識しなくても守ることができます。サイドはウイングバック（WB）、中央は3枚という分担も明確なので、守りやすいシステムではあります。

　ただ、ZONE1では3トップの両ウイングもプレスバックして [5-4-1] に帰結することが多いですが、安定を得られる半面、ボールを奪って出て行くとき、相手ゴールへの距離が長く、カウンターにエネルギーを必要とします。攻撃を踏まえるなら、ボールが収まる1トップ、走力のあるMFを揃えたいところです。

　基本的に4バックを敷くチームでも、試合の終盤など、攻め終わって逃げ切りを図る状況になったら、ダブルボランチ＋5バックの [5-4-1] に変更することもよく見られます。

ZONE1では守りやすい

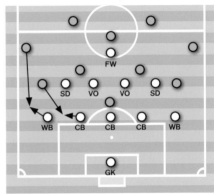

5バックで構えるため、数的不利に陥らず、安定して守ることができる。3バックはZONE3〜2では工夫が必要だが、ZONE1では守りやすい

攻撃に転じるのが大変

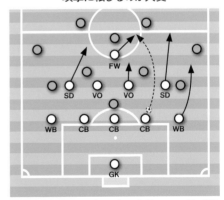

[5-4-1] はZONE1で守りやすいが、早めにこの形に落ち着いてしまうと、攻撃に転じるのが大変になる。攻撃の必要がない終盤に使われることも

Part 5

3-4-3 **1ボランチシステム** の
特徴とバリエーション

「3-4-3」1ボランチ

近年、3-4-3の1ボランチ型である［3-1-4-2］を使うチームが世界的に増えてきた。攻守のアクションを能動的に行えるメリットがある。

3-1-4-2

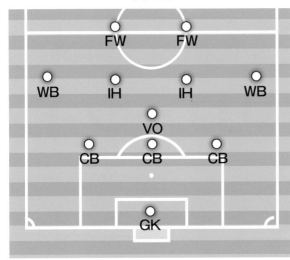

POSITION

② FW …フォワード

MF ミッドフィールダー

④ IH …インサイドハーフ
WB …ウイングバック

① VO …ボランチ

DF ディフェンダー

③ CB …センターバック

① GK …ゴールキーパー

[3-4-3] のボランチ（VO）を2枚から1枚に減らし、前線の枚数を増やした[3-1-4-2]は、近年よく見られるようになったシステムの一つです。

攻撃では、2トップが相手のセンターバック（CB）2枚に対して同数で攻撃を仕掛けることができ、後方ではワンボランチと3バックが残るため、2人のインサイドハーフ（IH）はリスク管理を任せて思い切って攻撃に絡みやすくなります。たとえばウイングバック（WB）がクロスを上げる状況では、2トップと2人の

IH、逆サイドのWBと、5人がゴール前へ飛び込むことができます。

さらに中盤は [4-3-3] と同じ逆三角形で、斜めの立ち位置を取ってボールを支配しやすい形であり、攻撃面では様々なメリットがあります。

もちろん、VOを1枚に減らすことは同時にデメリットもありますが、そのリスクと引き換えに、攻守で様々なメリットを享受するのが [3-1-4-2] です。[3-4-3] に比べると、主導権を握って能動的に攻守を誘導しやすいシステムです。

3-1-4-2 攻撃のメリット

中央に4枚の厚みがある

[3-1-4-2] は2トップと、2人の攻撃的なインサイドハーフ（IH）を配置できるのが大きなメリットです。

2人のIHは相手ボランチ（VO）の脇辺りに立つため、相手VOが前へ出ようとした時に背後を取ることができ、そのIHに相手センターバック（CB）が反応すれば、2トップが相手CBの背後を取れます。ウイングバック（WB）が幅を取り、中央に4人を集めて、最終ラインへ厚みを持って仕掛けることができます。

ただし、攻撃面の特徴は、IH2人のポジショニングによって少し変わります。相手VOの背後をシャドー的に狙うのか、味方VOのサポートに入ってMF的にプレーするのか。

前者のようにIHが背後を狙えば、攻撃面で相手に脅威を与えられますが、逆にボールを奪われた瞬間はカウンターで置き去りにされます。一方、後者のようにIHが味方VOのサポートをすれば安定性は高まりますが、攻撃の圧力は上がりません。

IHの個性や役割により、システムのメリットは変化します。また、その役割をエリア、状況、スコア等によって変えることも可能です。

相手の中央を崩す

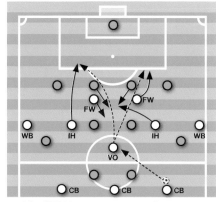

IHが高い位置を取り、シャドーのようにプレーする。すき間で受けたり、飛び出したりと、2トップとの連係で中央を崩して行く

IHがVOをサポートする

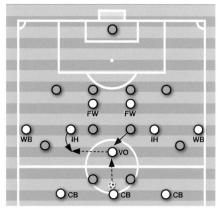

IHが少し下がって、味方のビルドアップをサポートしたり、カウンターに対するリスクマネジメントを意識したりする。システムの安定性が高まる

3-1-4-2 攻撃の弱点

ワンボランチの負担が増す

　ボランチ（VO）が1枚に減るため、VOの負担が大きくなるのはデメリットと考えることができます。

　360度全方位からのパスをさばきつつ、相手にマークされたら味方DFから前線4人への縦パスを促すなど、多彩なルートでビルドアップを行う戦術眼が求められます。

　このワンボランチにボールが収まらなければ、インターセプトされた瞬間に中盤が置き去りにされます。ダブルボランチの場合は2人で助け合い、片方がフリーになったり、あるいは奪われたボールにもう1人が対応したりと相互にサポートすることが可能ですが、ワンボランチはそれができないデメリットはあります。

　また、VOが1人しかいないため、相手も的を絞って寄せてきます。基本的にはそうしたプレスを1人で引き受ける必要があり、確かな技術と状況判断が必要です。ただ、このワンボランチのリスクと引き換えに、前線は4人の優位を得ることができるので、どちらに軸足を置くかはチーム次第です。

　これは同じくワンボランチ型である、[4-3-3] も同様です。VOを1枚に減らすリスクはありつつも、1人で賄える選

360度のプレッシャーを受ける

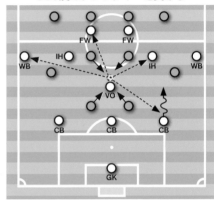

ワンボランチは全方位からプレッシャーを受ける。相手を引きつけてパスを展開できれば、前線の厚みを生かした攻撃が可能だが、ボールを奪われればカウンターを食らう

ダブルボランチは1枚の余裕がある

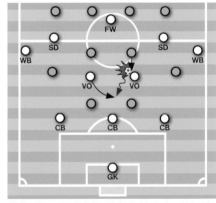

ダブルボランチの場合は、片方がフリーになったり、ボールを奪われたときにカバーに走ったりと、相互にサポートし合う余裕がある。安定性は高い

手がいれば、その先の状況に人数を割くことができます。

ただし、カウンター対応は可能

ワンボランチは1枚故に、ビルドアップ時に狙われやすく、ボールを奪われたら中盤が置き去りにされ、カウンターを食らうリスクが高くなります。

一方で、たとえそうなったとしても、最後尾に3バックがいるので、カウンター対応も可能です。3バックが相手の攻撃を遅らせ、時間をかけさせる間にウイングバック（WB）やインサイドハーフ（IH）がダッシュで戻れば、カウンターで崩される局面を防ぐことができます。

1試合に数回程度なら、こうした対応でカウンターを防ぐことは充分可能です。ただし、その回数が多くなると、全体が疲弊してしまい、能動的なアクションを起こすシステムの利点を生かしづらいので、ワンボランチの質は重要になってきます。

そのリスクを避けるのなら、ダブルボランチの [3-4-3] も一つの方法です。[3-1-4-2] は攻撃的なマインドがあり、リスクよりも、VOを1枚に減らして、前線に機動性の高い選手を増やすシステムなので、何を重視するかはチームの考え方次第です。

奪われると置き去りだが…

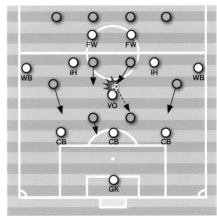

ワンボランチがボールを奪われると、前方にいる6人が一気に置き去りにされてしまう。カウンターリスクは高め

3バックで遅らせて対応する

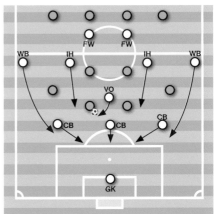

ただし、CBが2枚ではなく3枚なので、相手の攻撃を受け止めて遅らせ、その間にWBやIHがダッシュで戻り、カウンター対応することは可能だ

3-1-4-2

3-1-4-2 守備のメリット

前線からの制限が利く。3バックを保ちやすい

守備においては、2トップに加えて2人のインサイドハーフ（IH）が立つことで、前線からのプレッシングで規制をかけやすく、相手のパス回しを高い位置から追い込む場面が増えるシステムです。

相手が［4-2-3-1］など、2人のセンターバック（CB）とダブルボランチを起用する場合、その中央の4人全員を1対1で捕まえられる形なので、相手のビルドアップに強力な制限をかけることができます。

これは守備面の大きなメリットです。1トップ・2シャドーで守備を始める［3-4-3］と比較すると、前線で人を合わせやすいので、プレスが明確にはまります。そのため、自陣に押し込まれる時間を減らし、3バック系全般の課題である「5バック化」を避けつつ、アグレッシブな守備を実践することができます。

近年は足下のポゼッションを重視するチームが増えたため、プレスをかけやすいシステムの有効性が高まったと言えるかもしれません。高い位置からアグレッシブに守備を行い、相手のビルドアップを意図した場所へ追い込みやすくなります。

中央で人を合わせられる

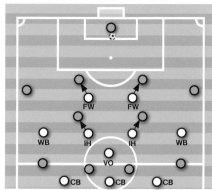

2トップと2人のIHが中央に立つため、相手のビルドアップに明確に人を合わせやすい。スライドしながらマークするよりも、はっきりと規制をかけられる。相手は外回りでボールを運ぶことになり、意図した方向へ誘導できる

5バック化を避ける

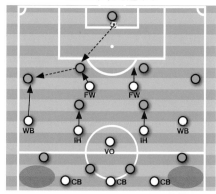

相手のビルドアップを自由にすると、3バックの両脇を突かれ、5バック化は避けられない。しかし、前線からのプレスが機能すれば、急所となるスペースへボールが出るのを防ぎ、3バックを保ちやすくなる

3-1-4-2 守備の弱点

ワンボランチの脇が急所になる

攻撃面と同じく、守備もワンボランチであることが、デメリットにつながります。ボランチ（VO）の脇にスペースが空いており、ここが急所になるからです。

たとえばビルドアップで縦パスを入れたとき、前線４枚の箇所でボールを奪われれば、６人が置き去りにされ、[3-1]のブロックでカウンターに対処することになり、VOの脇からスピードアップされる恐れはあります。

インサイドハーフ（IH）のカバーやサポートも必要であり、より大切なのは左右センターバック（CB）の迎撃です。VOの脇は空いてはいますが、左右のCBは前向きにプレスに行けるので、彼らが出ることでスペースを埋めることはできます。もちろん、それにもリスクはあります。ただ、このシステムのベースには、前線の厚いプレスで規制をかけ、ワンボランチの急所を使われる回数自体を減らそうという積極的な考えがあります。メリットでデメリットを解消するわけです。VOが１枚では足りないのは最初からわかっているので、そこを２枚に増やして前線のメリットを捨てるかは、チームの考え方次第です。試行錯誤して、結局[4-4-2]に戻るケースも多く見られます。

ワンボランチの脇を利用される

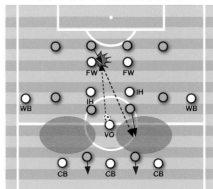

VOの脇にスペースが空いているため、縦パスを通されると、起点を作られる可能性が高い。[3-1-4-2]の急所と言える

いかにリスクに対処するか

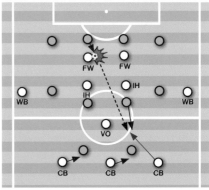

急所にどう対応するか。IHやCBがカバーするのも一つだが、そもそも前線からのプレスで規制をかけ、急所を突かれる回数自体を減らすのも、このシステムのベースとなる考え方だ

3
–
1
–
4
–
2

[3-1] と[2-2] の違い

[4-4-2] のチームでも、攻撃時にサイドハーフ（SH）が中へ入り、サイドバック（SB）を高い位置に上げて、[3-1-4-2] に似た攻撃型になることはあります。Jリーグでも鹿島など、いくつかのチームに見られます。

その違いは、後方のリスクマネジメントを [3-1] で行うか、[2-2] で行うかです。[3-1] は前述の通りですが、[2-2] の場合は、奪われた瞬間の切り替えでダブルボランチ（VO）が素早く反応し、攻め込まれる前にピンチを未然に防げるメリットもあります。J1では名古屋や鹿島はこのような守備を行います。

一方で、チームに左利きでボールを運べるセンターバック（CB）がいれば、[3-1] の形で、両CBをビルドアップの起点に定めることも、鳥栖などが行っています。そこに絶対的な正解はなく、チームがねらう戦術、抱える選手によって配置は変わってきます。

注意したいのは、動的に [3-1] を作ろうと、VOが最終ラインに入るケースです。その選手は「自分はボランチ」という感覚があるので、ボールを奪われた瞬間、とっさに前へ出て行き、スペースを空けて最後尾を危険にさらす

4−4−2からの変形

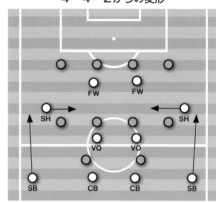

[4-4-2] の両SHが内へ入り、両SBが上がると、[3-1-4-2] によく似た攻撃型になる。違いは後方が [3-1] で構えるか、[2-2] で構えるか

VOが最終ラインに入ることのリスク

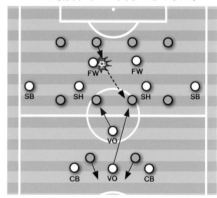

[3-1] で構えるとき、VOが連動しながら3バックの一角に入ると、奪われた瞬間に最後尾のスペースを空けて飛び出してしまい、カウンター対応を誤りがち。役割の変化を明確にしたい。逆に最初から3バックなら、こうした問題は起こりづらい

ことがあります。指導者が整理しなければならないポイントです。

3-1-4-2 | Zone3の守り方

前線の厚みを生かし、人をかみ合わせる

　ZONE3では [3-1-4-2] の特性を生かし、前からマークをかみ合わせることが容易になります。

　相手が [4-4-2] なら、2枚のセンターバック（CB）に2トップ、ダブルボランチはインサイドハーフ（IH）がマークします。一方、相手の両サイドバック（SB）は少し浮く形になるので、ウイングバック（WB）が前へ出てプレスをかみ合わせます。

　相手としては、中央をマークされているので、自然とビルドアップが外回りになりやすい状態です。それを意図的に誘導し、タイミング良くWBが前へ出れば、サイドでプレスをはめるスイッチを入れることができます。

　相手が3バック+1ボランチの場合は、IHの1枚が前へ出れば、人はかみ合います。相手が3バック+ダブルボランチでビルドアップする場合は、1枚足りない分、WBを内へ絞らせるか、前へ出すか、あるいは逆サイド側のWBを絞らせるなどの対処が考えられます。

　相手のシステムにより、多少の連動は必要ですが、基本的に [3-1-4-2] は前線に人が多いので、ハイプレスで明確にマークしやすいシステムです。

WBが前へ出てプレスのスイッチ

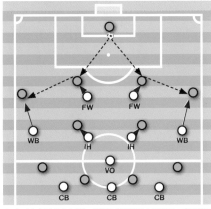

中央で人を捕まえれば、自然と相手のビルドアップが外回りに誘導される。そこでWBを前に出せば、プレスのスイッチを入れやすい

相手が3枚回しに変化したら…

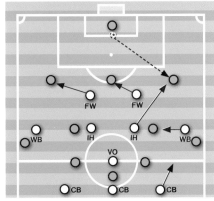

IHなど1枚を動かせば、前線のプレスがはまる。相手がダブルボランチの場合は、WBを内へ絞らせるか、前へ出す等で、かみ合わせることが可能

3-1-4-2 Zone2の守り方
5バックをいかに避けるか

ZONE2での3バックの守備は、3枚のDFの両脇、サイドに大きなスペースができるため、何も考えなければ自然と5バックに帰結することが多くなります。

アグレッシブに守備をするなら、いかに5バックにならない状態を作るか。このテーマに果敢に挑戦したのが、2021年の湘南ベルマーレや鳥栖でした。

湘南は元々[3-4-3]のチームでしたが、2021年は[3-1-4-2]を使う回数が増え、自慢のハイプレスが勢いを増しました。前線が増えた分、相手を捕まえやすいので、高い位置からの守備がよくはまります。

一方で、アンカーの脇や背後、あるいは3バックの両脇を狙われるケースが増えるため、小柄でもスピードに自信があるタイプのセンターバック（CB）を揃え、スペースへの攻撃をシャットアウトしていきます。奪い切れなかったとき、全体がプレスバックする運動量も、湘南は充分です。

攻撃面でもクロスに対して多くの人数を飛び込ませ、その際のリスク管理もCBとアンカーの[3-1]を明確に残すなど、攻守共にアグレッシブに戦うスタイルで全体のバランスが整っていました。

アグレッシブに3バックを保つ

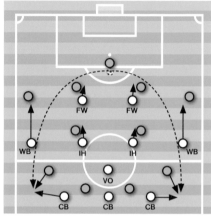

前線から人をかみ合わせ、精度の高い縦パスが入ってくるのを防ぐ。また、入った場合でもスピードに自信のある3バックで対応し、5バック化をできる限り避ける

【例】湘南ベルマーレ（2021年）

身長170センチ前後でも、スピードやアジリティに長けたCBを起用し、[3-1-4-2]の特性を生かしたアグレッシブな攻守を実現した。GK谷のカバーエリアの広さも光る

3-1-4-2 | Zone2の守り方

アシンメトリーな可変システム

　2021年の鳥栖も、できる限り３バックを保ってアグレッシブに攻守を展開するため、ウイングバック（WB）が最終ラインに下がらず、必ず中盤へ出ることをベースに守備を構築しました。

　ただし、WBが前へ出ることを両サイドで行おうとすれば、少なくともプロのレベルではサイドチェンジを頻繁に通されてしまい、実践は簡単ではありません。それを防ぐためには、湘南のように相当なプレスの強度や選手の運動量が求められます。

　一方、その中で鳥栖が特徴的だったのは、アシンメトリー（左右非対称）とするバランスの整え方でした。比較的に左WBの側から前へプレスをかけ、同時に右WBは最終ラインに下がって４バックに変化し、全体を左サイドへスライドさせます。右WBがあまり高い位置へ出ない分は、右インサイドハーフ（IH）がサイドへ張り出してカバーします。

　３バックを保とうとすれば、通常はサイドにスペースが空きます。しかし、このやり方ではZONE2で４バックに移行するので、左WBが下がらなくても守備のバランスは保たれ、思い切ってプレスをかけることができます。

左肩上がりで4バックへ移行する

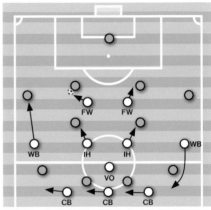

中央をマンマークで封じ、相手のパスをサイドへ誘導する。左WBがプレスに行き、右WBは斜めに下がり、最終ラインは4枚で左サイドへスライドする

【例】サガン鳥栖（2021年）

WBが下がらないことをベースに、前線の形を試合ごとに変え、プレスをはじめる。攻撃的な小屋松、守備的な飯野で左右の変化を付け、柔軟にバランスを調整した

スライドの距離を軽減させる利点

　このアシンメトリーな守備がもたらす効果として、スライドする距離を分散させることが挙げられます。

　3バックで前から果敢にプレスをかければ、どうしても両ウイングバック(WB)は前と後ろへ上下動する距離が長くなり、間に合わない場合は3枚のセンターバック（CB）が左右に広がったスペースを守る必要があります。

　一方、鳥栖のように片方へだけスライドするやり方の場合、左WBは主に前へプレスに行き、右WBは主に後ろへ、CB3枚は左へスライドと、あらかじめ動く方向を限定し、各自の負担を分散、軽減させることができます。相手のボールに振り回されず、一つの方向へ能動的に連動しやすいのは大きなメリットと言えます。

　また、プレッシングのベースとして左右の方向付けを持つことで、相手の特徴に合わせて戦うことも可能です。

　たとえば、相手が右サイド側からのビルドアップが得意なら、左WBを早めに上げてマークさせ、ボールを逆サイドへ誘導します。そこで4バックに変形し、[4-4-2]のような形で追い込んで行くなど、自分たちで意図した状況を作って守備を始めることができます。

通常の守り方だと…

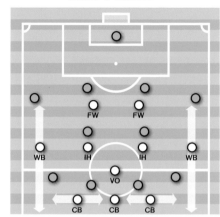

3バックの通常の守り方では、両WBが縦のスペースをすべてカバーしなければならず、間に合わない場合はCBが左右サイドまでカバーする。サイドに対するスライドの負担が大きい

非対称にして方向を絞る

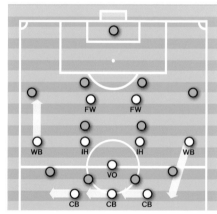

アシンメトリーに構え、スライドする方向を一つに絞ると、WBやCBが上下、左右に振り回されず、スライドの負担を軽減することができる

ZONE3での方向付けが
守備の連動を生み出す

　鳥栖はZONE3では［3-1-4-2］で守
備を始め、ZONE2では左ウイングバッ
ク（WB）の前進をスイッチに4バックへ
変形しつつ、高い位置からアグレッシブ
に守備に行くバランスを維持します。

　ZONE1まで押し込まれた場合は、左
WBも下がって5バックになりますが、
ZONE2までの守備が安定しているため、
相手に押し込まれるケース自体が少なく
なっています。

　また、この積極的な守備を機能させ
る上で大事なことは、前線からの追い
込みです。相手の攻撃をどこに誘導した
いのか。プレッシャーを明確にかけ、パ
スが出てくるコースやタイミングを外回
りに絞り込むからこそ、左WBをスイッ
チとする連動が可能になります。

　鳥栖は固定した2トップだけでなく、
対戦相手によっては2トップ＋トップ下に
したり、1トップ＋3人のトップ下にした
りと、試合ごとに相手を追い込みやすい
形に変えます。そうした柔軟な戦い方が
できるのは、「WBが下がらない」という
ベースがあるからです。そのために前線
の立ち位置を微調整します。戦術の目的
が明確に浸透していれば、多少形が変
わっても、選手は迷わず実践できます。

相手の攻撃をどこに誘導したいのか？

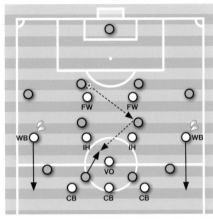

この左WBからのスライド連動は、中を抑え、相手の攻撃
を外回りに誘導しなければ成立しない。中のマークが緩く、
縦パスを通されると、連動のタイミングをつかめず、結局
全体が下がってしまう

前線は試合ごとに柔軟に変える

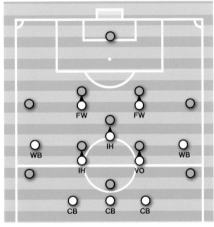

2トップと2人のIHだけでなく、対戦相手の形によっては、2
トップ＋トップ下、1トップ＋3トップ下など、プレスをはめや
すいように前線の形を柔軟に変えるコンセプトは同じだ

3
-
1
-
4
-
2

3-1-4-2 Zone2の守り方

3バック守備の浸透の難しさ

　鳥栖のような守備は、実際には簡単ではありません。選手に3バックを提示したとき、両サイドが一旦高いポジションを取るという考え方が、特に日本では浸透しづらいです。人から捕まえる意識が強いため、外で張っている相手が気になり、思い切って前に出られません。

　その相手にボールが出にくくなるように、前線から制限をかけるのですが、人につく思考だけを育成年代から積み重ねると、なかなか頭が切り替わらないことがよくあります。

　3バックで高い位置からプレスをかける方法を、一つ作ることが大事です。鳥栖のようにボールサイドのウイングバック（WB）が出て、中盤の戦いに参加する形を取るのか。あるいは一旦後ろが余る形で守るけど、前線が追ったタイミングで後ろからDFなどが出て、浮いている選手を捕まえていくのか。これも一つのやり方です。

　重要なのは、いつ前へ出るのかを共有すること。戦術的なトレーニングは必須ですが、そこに時間を割くより、ポゼッション等に重きを置きたいのなら、守備は［4-4-2］で組むほうがチーム作りは早いかもしれません。

相手が気になり、前に出られない

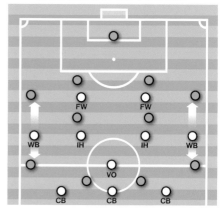

相手チームの攻撃を「意図的に誘導する」という発想がなければ、相手が気になってマークを捨てることができず、前に出られなくなる

一旦5バックで構えてから、出て行く

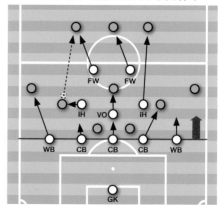

鳥栖とは逆に、一旦後ろを固めてから、前に出るタイミングをうかがうことも可能。前線の追い回しに合わせてDFが前へ出て、浮いている中盤の選手を捕まえる

3-1-4-2　Zone2の守り方

個性、対戦相手から帰結していく

鳥栖のアシンメトリーな守備は、攻撃的なウイングに近い左ウイングバック（WB）、守備的なサイドバック（SB）に近い右WB、SBに近い左センターバック（CB）など、各選手のキャラクターが変形にフィットするからこそ、機能しました。逆に言えば、選手たちが持つ個性が、結果的にこのやり方に帰結させたとも言えます。

アシンメトリー自体は一つの手段であって、非対称ありき、ではありません。自分たちと対戦相手を見比べたとき、左高右低のほうがはまりやすく、目的を達しやすいから、アシンメトリーにする。鳥栖もすべての試合を非対称にしたわけではなく、右側からプレスに行く試合も、対戦相手によっては［4-4-2］で構える試合も、少数ながらありました。

アシンメトリーなバランスの整え方は、鳥栖や3バックに限らず、多くのチームに見ることができます。

大事なのは目的です。何のために非対称なバランスを選ぶのか。要点を絞ってスライドを容易にするためか、相手の弱いサイドを突くためか、自分たちの攻撃的な選手を生かすためか。目的を常に明確にしておくことが大切です。

相手の弱いサイドを狙う

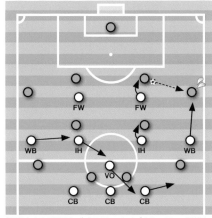

相手左SBが足下に自信がないタイプなら、そこへ誘導し、逆方向にスライドしてプレスをかけてもいい。連動も選手の得意エリアに合わせ、様々な方法が考えられる

【例】鳥栖（2021年）J1第10節名古屋戦

両サイドにマテウスや相馬、前田など強烈なアタッカーを擁する名古屋との試合では、前から追う[3-1-4-2]ではなく、[4-4-2]で構えて後ろのスペースを消してから前へ押し返す戦術を採った

3-1-4-2 Zone2の守り方
固定パターンは行き詰まる

　プロのサッカーには、スカウティングという要素があります。試合前に相手チームを分析するという工程です。鳥栖のように毎試合、相手によってプレスの形を細かく変えるのは、スカウティングをしなければ難しい面もあります。

　また、逆にプロのサッカーは相手からもスカウティングをされるため、あまり非対称の守備を続けると、デメリットのほうが大きくなりがちです。

　たとえば相手に非対称の4バック変形を見破られてしまうと、あえて違う場所からボールを運ぶなど変化を付けてきます。そうすると、左に限らず右からもプレスに行く必要が出てくるなど、スライドの仕方が少しずつ幅広くなります。非対称かどうかも固定ではなく、毎試合変わることになります。

　チームのベースをどこに置くか。非対称になっているのは、あくまで形の部分です。そこにベースを置くと、固定化して行き詰まります。「3バックを保って積極的に守備をしよう」というベースがあり、そのために、ある試合では非対称型を用いるというイメージです。

同じスライドだけでは対応できない

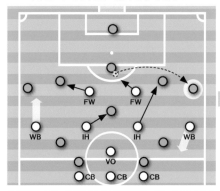

左側では4バック変化のスライドを行う一方、右サイドからのビルドアップには右IHが寄せる手順とする。しかし、右IHが相手CBに寄せるべき試合では、同じやり方で対応ができない。相手が浮いてしまう

守備のやり方が多彩になっていく

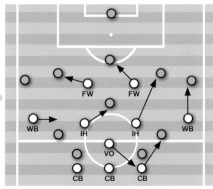

そうなると、右WBも相手を捕まえるため、前へ出て来る必要がある。結果として右から左だけでなく、左から右へのスライドなど、守備のやり方が多彩になっていく。試合により、どちらでも対応できるようになる

3-1-4-2 Zone2の守り方
非対称のデメリット

非対称のタスクによる守備は、手順の固定化だけでなく、シーズンを戦うメンバーが固定化するリスクもあります。

たとえば左サイドに攻撃的なウイングバック（WB）、右サイドに守備的なWBを置き、4バックに変化しながら戦う手順でチームが固まると、守備的な左WB、攻撃的な右WBの選手は、出場機会を失うことになります。また、左センターバック（CB）もスライドした形を考えて、左サイドバック（SB）寄りの選手を起用しますが、そうなると、純正CBの出番は減ってしまいます。

非対称でチームを作るときは、選手の個性を生かす形になることが多いため、最初は良いのですが、長いシーズンで選手同士がどうやって競争するかや、その選手がいなくなった場合を考えると、徐々に問題が起きます。

これは3バックに限った話ではありません。メッシ、ロナウド、ロナウジーニョといった特別な選手が入ったときは、逆サイドに守備的なタイプを置いて、非対称でバランスを取ることは多くあります。しかし、その特別な選手が調子を落としたら、どうなるのか。非対称のシステムは一つの形ではありますが、それを

はまらない選手が出てくる

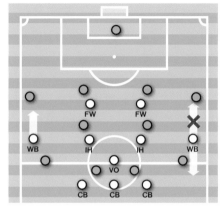

非対称のタスクで固定されると、タイプの異なる選手を起用しづらくなる。もし起用するなら、戦術やシステムを再構築する必要がある

4バックでもよくある話

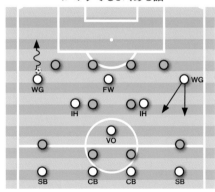

特別な能力を持つ選手について、守備を免除し、代わりに逆サイドは守備に走れる選手を起用するのは4バックでもよく見かけるが、固定化のデメリットはある

ベースと捉えてしまうと、様々なデメリットがあります。

3-1-4-2　Zone1の守り方
[5-3-2] で構える

3
-
1
-
4
-
2

　ZONE1へ攻め込まれた場合、[3-1-4-2] は必然的に [5-3-2] でブロックを形成することになります。

　4バックでは「5人目原則(P.32参照)」の下に、誰が4バックのすき間をカバーするかを明確にする必要がありました。

　3バックの場合、その点はシンプルです。両ウイングバック(WB)が下がれば、5バックの形ができます。また、4バックのように後からカバーに行く場合は、わずかなタイミングの遅れでアーリークロスやワンタッチパスを通されることはありますが、5バックは最初から後ろのスペースで構えるので、DFが前を向いた状態で守備に行けるメリットがあります。

　逆に難点としては、お尻が重いために、ボールを奪った後に押し返す推進力を欠きがちなことです。ただし、[3-1-4-2] が帰結する [5-3-2] は、2トップにボールを入れてWBやインサイドハーフ(IH)が出る形を作りやすいので、[5-4-1] に比べると推進力は高めです。その分、守備時は中盤の両サイドにスペースがあり、連動して守る必要はあります。

　配置は常にメリットとデメリットがあるので、両面を見て、優先順位をつけることが大切です。

両WBが下がるシンプルな形

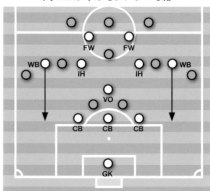

ZONE1での対応は、両WBが下がって5バックになるシンプルな形。4バックほどカバーの連係に気を遣う必要はない

WB、IHを走らせて逆襲

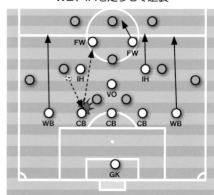

ボールを奪った後は、前線が2トップなので起点を作りやすく、WBやIHが飛び出せば勢いのあるカウンターになる。[5-4-1] よりは前に出やすい

Part 6

システムの実践

システムとタスク

実際にシステムを提示してチームを機能させるとき、指導者は選手へどのように
アプローチするのでしょうか？　システムの実践論を掘り下げます。

指導者が選手にチーム戦術を提示するときは、システムによる伝え方と、タスク（役割）による伝え方、大きく分けて2種類があります。

たとえば、ビルドアップについて、ある指導者は、「攻撃時は3バックに変化して立て」とシステムの立ち位置で明確に指示を与えたとします。

一方で、他のある指導者は一人の選手に対し、「後ろでパス回しの起点になってくれ」とタスク（役割）で指示を与えました。

その指示を受けた選手は、自分が下がってボールを受けようと判断し、その結果として、試合では前者と同じく3バックに変形したビルドアップが行われることになりました。

起きた現象としては、どちらも同じ3バックに変形したビルドアップに見えますが、アプローチは異なります。

前者はシステムによって、選手の立ち位置の変化が示されました。非常に明確でわかりやすいですが、一方でパター

システムによる指示

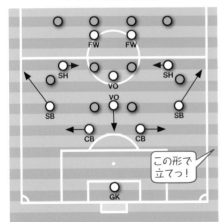

「攻撃時にボランチが下がり、サイドバックが上がり、サイドハーフが中へ入って3バックで立て」と指示されたチームのビルドアップ形

タスクによる指示

VOに対し、「後ろで起点を作ってくれ」と抽象的に伝えると、VOは下がってボールを受け、周りもそれに合わせて動いた。結果として行き着いた形は同じだが…

ンが固定化されるため、流動性を生み
づらい面はあります。

　逆に後者の場合は、選手の判断に委
ねる部分が大きくなります。型が決まっ
ていないので流動性や柔軟性は生まれ
やすいですが、選手の連係や意思の疎
通次第では、立ち位置が混乱するリスク
もあり、どちらもメリットとデメリットが
存在します。

場面ごとのシステム提示が増えている

　ひと昔前のサッカーでは、システムは
最初の段階で一つ提示されるだけのも
のでした。可変システムのように状況に
応じて変わる型を、指導者から選手に与
えるような考え方は珍しかったと思います。
昔のサッカーで戦術を変化させるのは、
主に選手のタスクであり、「攻撃になっ
たら君はこうプレーしてくれ」「守備はこ
うしてくれ」と選手間でコミュニケーシ
ョンを取り、11人の局面のタスク変化が
組み合わさった結果、システム（全体の
形）が変わったように見える。昔はそう
いう捉え方でした。

　しかし、最近のサッカーの傾向では、
欧州で活躍する日本人選手などに話を
聞いても、攻撃はこの型、守備はこの型
と、明確なシステムの全体図を提示する
指導者が多くなったと感じます。実際、

最終的な絵を共有する

攻撃の型は[3-1-4-2]。そこから、どのようにタスクを連動させるか。何のための変形か。最終的な絵を共有しなければ、静止画であるシステムから動きを出せない

現場で指揮を執るときも、チーム全体
に伝えるときはシステムを提示したほう
がスムーズでわかりやすいと感じること
はあります。

　ただ、やはりシステムだけで全部を片
付けようとすると、形が固定化されてし
まうので、最終的な絵をどこに持ってい
くのかが重要です。

　たとえば、攻撃のシステムを3バック
に変化させるとして、その目的は何か？
サイドで幅を広く使って仕掛けるためか、

足下からクサビを打ち込んでライン間を崩すためか。システムの全体図を変えた先に、狙いたいスペースや個々のタスクがある。その目的を共有することが大事です。システムはスタートであって、ゴールではありません。ここが大事なポイントです。

ゲームの流動性には タスクで対応する

システムはある場面の立ち位置をバサッと切り取ったものなので、ある意味ではデジタルに似た性質があります。わかりやすく定義できる半面、アナログのような前後のつながりがないため、「連続性がない情報」とも言えます。

ところが、サッカーは常に連続するスポーツです。相手の流動的な変化に静的なシステムで対応するのは限界があります。相手が動くたびにシステムを変えれば、選手が混乱するので、ゲームの流動性にはシステムではなく「タスク」で対応するのが一般的です。

たとえば、守備で言えば、選手が立ち位置を動かすときは、マンツーマンで相手を人から探しに行くのか、ゾーンで立つべきスペースから探しに行くのか、二つの大きな原則があります。

後者のゾーンの考え方で、誘い込むスペースと捨ててもいいスペースが分けられていれば、相手が動いても対応に問題は起きません。外回りや内回りの誘導など、目的を共有して各自が立つべき位

流動性にはタスクで対応

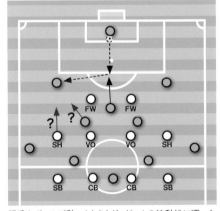

相手やボールが動いたときなど、ゲームの流動性に逐一システムで対応するわけにはいかず、個々のタスク対応になる

判断基準は整っているか？

守備で言えばマンツーマンやゾーン、外回り誘導や内回り誘導など、判断の基準が整えば目的を共有して動くことができる

置を見つけることができます。

　一方、マンツーマンの場合は相手が変化すれば、その動きに付いて行きますが、果たしてどこまで行くのか。逆サイドまで行ってもいいのか、あるいはどこかの切れ間でマークを受け渡すのか。これらを事前に決めておかなければ、相手の流動性に対応することはできません。

　こうしたチームの判断基準を整理し、目的を共有して動くことで、流動的な対応力を向上させることができます。

プレーレベルとの関係

　システムとタスクの関係について難しいのは、一定レベルに達する前の選手の場合です。そういう選手は明確に「ここに立って」「これをしなさい」とシステムや立ち位置を事細かく指示されたほうが、プレーはしやすくなります。どんな仕事でも同じですが、一人前になるまでは「こうしなさい」と言われたことを守るほうが、安心感はあります。自分に責任がないのでプレーもしやすい。ただ、サッカーという競技を考えたとき、そういう選手は上のレベルに達するのが難しくなります。

　逆に一定レベルを越えた選手の場合は、形や立ち位置だけで説明されると、「プレーが縛られた」と窮屈に感じる傾向があります。タスクについて抽象的な

なぜ、この立ち位置を取るのか？

すき間を狙うために中へ入る！

サイド裏を突くために上がる！

前へ運ぶために広がる！

ただ言われた通りに立ったり、窮屈さを感じながら立ったりすることにならないよう、その立ち位置を取る意味をしっかり伝える

言葉で話をされたほうが、選手が自分で選べる範囲が広まり、それを好むタイプもいます。

　いずれのケースでも、指示した立ち位置を取る意味をしっかり説明できなければいけません。そうしないと選手はその立ち位置を取ることが目的になり、「言われた場所に立ったけど何をしたらいいんですか？」と、手段と目的が入れ替わる現象が起きてしまいます。

システム
の
実践

システムとタスクをバランス良く与えつつ、最終的な絵をイメージさせることが大事です。

4バック系と3バック系の傾向

大雑把に分類すると、4バックはより流動性が高いシステムであるため、個々のタスクによって変わるものが多くなります。2人のセンターバック（CB）でビルドアップできないとき、誰が絡むのか。ボランチ（VO）なのか、サイドバック（SB）なのか、ここからもう流動性が生まれます。3枚になったら、サイドハーフ（SH）は外に開くのか、中へ入るのか。FWはどうするのか。全体的に動き出しが複雑で、逆に言えばバリエーションがあるため、抱えている選手の特性によってタスクがどのようにかみ合うかが勝負になります。

逆に3バックの場合、最終ラインは攻守で3枚、ウイングバック（WB）のタスクも大体決まっており、他のポジションもそれに合わせて限定されていきます。3バックは最終ラインや最前線の真ん中など、攻守で重要になる場所を最初から押さえているので、流動性は高まりにくく、個々のタスクによって変わる部分が少なくなる傾向はあります。

4バック系のようにある程度タスクに幅があったほうが力を発揮する選手もいれば、逆に3バック系のように仕事が限

4バックは流動性が高まりやすい

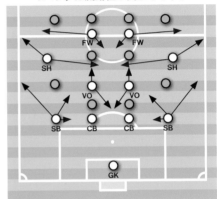

大雑把な傾向として、4バック系システムはバリエーションが多いため、流動性が高まりやすい。選手のタスクも幅がある

3バックは各所のタスクが限定される

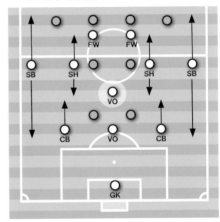

3バック系システムは、あらかじめ要所の密度を高くした形なので、そこから大きな動きは出しづらい。選手のタスクが限定される傾向がある

定された形のほうが力を発揮する選手もいます。そこは人がプレーするサッカーの面白さだと思います。

なぜ[4-2-3-1] は最も多くの チームに採用されるのか?

世界で最も多くのチームに採用されているシステムとして、[4-2-3-1] が
挙げられます。なぜ、このシステムは現代サッカーの主流になっているのでしょうか。

4-2-3-1

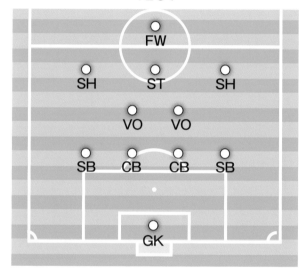

POSITION

① FW …フォワード

MF ミッドフィールダー

③ ST …セカンドトップ
（トップ下）

SH …サイドハーフ

② VO …ボランチ

DF ディフェンダー

④ SB …サイドバック

CB …センターバック

① GK …ゴールキーパー

　[4-2-3-1] が多くのチームに採用される理由の一つは、システムのバランスが良いことです。両サイドにサイドハーフ（SH）、真ん中はトップ下（ST）、3列目はダブルボランチ（VO）と、ピッチを均一にカバーしており、大きな急所となるスペースはありません。相手がどんなシステムでも、ベースとなる守備をそれほど変えずに対応することができます。

　たとえば前線のプレッシングについて、

相手が4バックなら、FWとSTが横関係の2トップ気味になれば、人がかみ合ってプレスに行けます。一方、相手が3バックなら、FWとSTが縦関係になり、FW+両SHの3枚で相手の3バックにプレスをかけ、相手VOをSTが抑えればOKです。

　それほど戦術を細かく定めなくても、小さな立ち位置の変化だけでバランスを取ってプレーできるのは、チーム作り

システムの実践

の上では大きなメリットになります。

個性を生かしやすい

なぜ、[4-2-3-1] は主流システムなのか。もう一つの理由として、ポジションごとに様々な個性を生かしやすいことが挙げられます。

サイドハーフ（SH）はドリブラーでもパッサーでも、クロッサーでも構いません。仮にドリブラーなら、後ろで守備を安定させるサイドバック（SB）と組ませたり、パッサーなら外側を駆け上がるSBと組ませたり、クロッサーなら内側からサポートするSBと組ませたりと、SBとの組み合わせにより様々なタイプが起用できます。

FWやトップ下（ST）も含めて、前線の4人は周囲とのコンビネーション次第で様々な配置が考えられます。また、ボランチ（VO）も2人いるので、司令塔とバランサーを組み合わせたり、あるいは攻撃的なSBとの調整でボールを奪うタイプのVOを2人揃えたりと、様々な形を実現できます。

こうした豊富なバリエーションがあれば、様々な個性を当てはめながら、誰も漏らすことなくチーム作りを進めることができます。色々な選手を入れる箱の柔軟さがあるのは、[4-2-3-1] の大きなメリットです。

チーム内の競争をしやすい

チームは1年間のスパンで成長し続けるため、競争が必要です。そのためには

良いドリブラーがいれば…

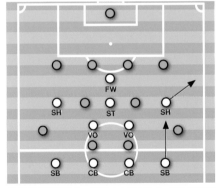

SHをサイドに張らせ、SBは中からサポート。VOかSTが配球役になって、SHのドリブル突破を生かすシーンを作ることができる

ドリブラーがいなくても…

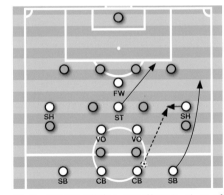

パッサーがSHに入る場合は、SBは外からオーバーラップする攻撃的なタイプを組み合わせ、STも飛び出し型のセカンドストライカーにするなど、攻撃の形はいくらでも変えられる

4-4-2のような形

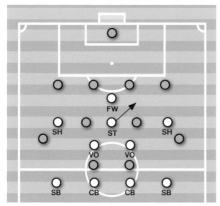

[4-2-3-1] のSTがストライカータイプの場合、[4-4-2] に似た形に自然となりやすい

4-3-3のような形

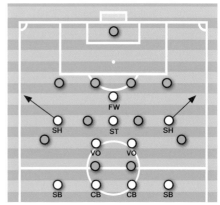

[4-2-3-1] の両SHがドリブラーの場合、[4-3-3] のような形に近づいていく。選手の個性によるバリエーションが豊かだ

誰が出場してもチームとして成立する仕組みをベースに置かなければ、能力ではなく、特徴で漏れてしまう選手が必ず出てきます。

　もし仮に、特殊なシステムで戦っているチームから突然予想外の選手が伸びてきたとき、その選手を起用するためにシーズン中にシステムを大きく変えなければならないとしたら、かなり大変な作業です。その意味では [4-2-3-1] は同じ枠組みの中で、「君は張っておいて」「君は中へ入っていいよ」と立ち位置を微調整するだけで、様々な選手を起用することができます。

　[4-2-3-1] は色々なシステムの中間的な性格があります。STがストライカータイプなら、FWと横並びで [4-4-2]

に似た形、両SHが共にウイングタイプなら、[4-3-3] に近い形になります。

　[4-2-3-1] はシステムの柔軟性が高いため、その時に調子が良い選手を起用したり、あるいは次の対戦相手の特徴に合わせて違う選手を起用したりすることができます。そのため目の前の1試合ではなく、シーズンを見通して継続的なチーム作りを行うことをイメージしやすくなります。

　このように枠組みを変えず、チームに変化を加えられるのは、マネージメント上の大きなメリットです。世界中でこれだけ [4-2-3-1] をベースシステムに据える監督が多いのはなぜか。その理由は、実際にチームを指揮するようになり、改めて実感しています。

システムの実践

システム
の
実
践

かみ合わせる? かみ合わせない?

実戦でシステムを動かす上では、相手チームのシステムと「かみ合わせるか」
「かみ合わせないか」という視点が参考になります。

　試合を指揮する監督たちは、自分たち
と相手のシステムが「かみ合っているのか」
を考えます。

　「かみ合う」とは、たとえば [4-3-3]
同士で、両ウイング（WG）と相手の両
サイドバック（SB）、中盤の三角形と相
手の逆三角形など、すべてが対面関係
になっている状態です。他にも [3-4-3]
同士、[4-4-2] 同士など、多少アプロ
ーチの距離が長めになるポジションはあ
っても、基本的には対面のマッチアップ
でシンプルに考えられる対戦を「かみ合
っている」、あるいは「ミラーゲーム」と

呼ぶことがあります。

　大事なのは、ここからです。仮に互い
のシステムがかみ合っているとして、そ
のままミラーゲーム同士で行くのか、逆
に、少しシステムをずらして戦うのか。

　かみ合っていない試合なら、システム
変更をしてかみ合わせて戦うのか、ある
いは少しずれたままで戦うのか。どちら
も二通りの考え方があります。

　たとえば、相手の [3-1-4-2] に対し、
[4-4-2] では前線のプレスがかみ合い
ません。そこでサイドハーフ(SH)を上げ、
2トップを縦関係にして、[4-3-3] 気味

システムがかみ合った対戦

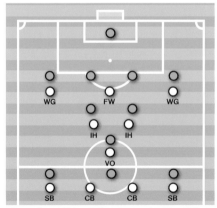

[4-3-3] の中盤を三角形にしたチームと、逆三角形チー
ムの対戦。互いにCB1枚はリスク管理で余らせるが、その
他は1対1でマッチアップしている

システムがかみ合わない対戦

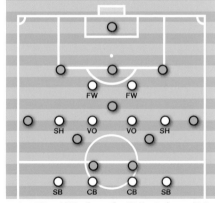

3バック系との対戦で [4-4-2] が前線からプレスに行くと、
3バックのパス回しの幅を2トップでは追い切れないなど、
各所がかみ合わなくなる

に変形してプレスをかみ合わせるのか。あるいは、[4-4-2] のままで、前線のプレスはかみ合わなくても、縦パスを誘導して [4-4] のブロックで絡め取るために、少しシステムがずれたままで戦うのか。監督はこうした判断を実戦で行っています。

どんな意図を持って戦うのか

かみ合った状態のままプレーさせる場合、監督のアプローチとしては個人の球際や1対1の勝負に焦点を絞り、「負けるなよ」と言って試合に送り出していることが多いです。

逆にあえてかみ合わせをずらす場合は、その戦い方をチームに落とし込み、試合に挑んでいることになります。たとえば、[3-4-3] 同士のチームが、ビルドアップ時にボランチ（VO）を下ろし、最終ラインを4枚にしてボールを運ぶということは、そこで1枚の優位を作って安定させるなど、何らかの意図が働いていると考えられます。

もちろん、あえてかみ合わせをずらさないケースもあります。個人のバトルやある程度はロングボールが増えたとしても、セカンドボールを争う中盤の人数を減らさず、目の前の相手に負けないことで試合全体を制する。これも一つの考え方です。

かみ合わせて戦うケース

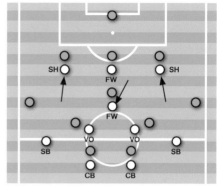

相手は [3-1-4-2]。[4-4-2] のSHが上がり、2トップを縦関係にして、全体をマンツーマンでかみ合わせる

形がずれたまま戦うケース

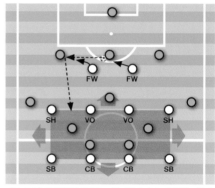

[4-4-2] の緊密さを保ち、縦パスをブロックに誘い込んで奪う。2トップは数的不利なのでボール奪取は難しいが、相手の攻撃の方向性を誘導する目的でプレスに行く

どちらかと言えば、かみ合わせをずらして戦うほうがクレバーで見栄えは良いのですが、この考え方に正解はありません。また、球際が強いチームに対してはずらす戦い方で、足下でつなぐ

システムの実践

組織的なチームにはかみ合わせて球際で飲み込みに行くなど、対戦相手によってかみ合わせる、かみ合わせない、両方を使い分ける監督もいます。

ミラーゲーム時のGKに注意

かみ合わせたミラーゲームの場合、相手GKへの対応を整理しておく必要があります。最近はGKがビルドアップに参戦するチームが少なくないため、2人の相手センターバック（CB）に2トップでかみ合っているつもりでも、GKが来たら2対3で、かみ合わなくなります。

そこで浮いた相手CBへサイドハーフ（SH）が出ると、相手サイドバック（SB）が空くため、SBが出て行く。すると、その裏を相手に突かれる、といった具合に芋づる式にずれを利用される可能性はあります。

左右のサイドに方向付けをしながら相手GKを追い詰めるか、あるいは一般的にGKはあまり高い位置のビルドアップには参加しないので、守備ラインを下げて対応するか。いずれにせよ、[4-4-2] 同士でも [3-4-3] 同士でも、GKを加えたらミラーゲームの前提が崩れることは意識する必要があります。

あえて浮かせる守備

あえてシステムをかみ合わせなかった場合は、どこかで相手の選手が浮きやすくなりますが、そのずれを許容して戦っているとも言えます。

たとえば私（岩政大樹）が現役の頃、鹿島に対して当時ジェフユナイテッド市原・千葉を率いたイビチャ・オシム監督がよくやっていたのは、私にボールを持たせる、というやり方でした。

GKが加わり、「ミラー」が破壊

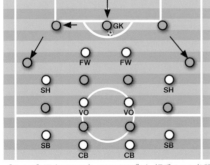

[4-4-2] 同士でかみ合っているはずが、相手GKの参戦により、前線が2対3に変化。人がかみ合わない

芋づる式に空いてしまった

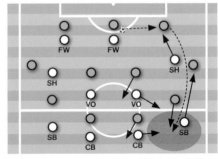

再度かみ合わせるためにSHやSBが出たすきを、相手FWに狙われる例。守備に明確な方針がなければ、こうしたスペースや時間のすき間が大きくなる

相手は2トップの1枚が私をマークせず、ボランチ（VO）をマークします。すると私に対して人がかみ合いませんが、ボールを持たせても周りの選手はマークしているので、私はパスを出す先がありません。

仮に私がドリブルで中盤まで運んだり、大きく展開したりと、ビルドアップを持ち味にするタイプならうまく打開するかもしれませんが、私にボールを持たせても効果的なパスが出てこないから構わない。あえてかみ合わせず、浮かせておく、という考え方です。

方針としては2種類あります。そうやって下手なほうのセンターバック（CB）にボールを持たせるのか、あるいはそこへプレスをかけてボールの奪いどころにするのか。私自身もチームを作るとき、どちらかで迷うことは結構あります。

また、オシムさんの場合は、そこからさらに連動してプレスに来ることはありませんでしたが、あえて空けた相手CBに対し、中盤の選手や後方で余っているCBが縦方向にずれる動きを、プレスの合図にすることもできます。相手の浮いているポジションがわかりやすいため、そこに向かって連動すれば、プレスのスイッチが明確に入ります。

逆にシステムが完全にかみ合った状態の場合、最初から全員を1対1でマークしているため、何となく追い回し続け

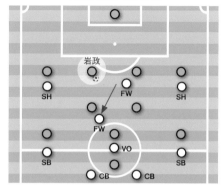

岩政を浮かせる守備

反対側のCB、VOをマークし、あえて岩政だけを空けてボールを持たせる。周りをマークしているので守備が混乱しない

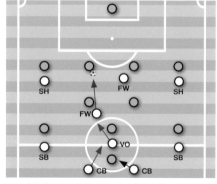

あえて浮かせてスイッチを入れる

CB1人を浮かせた状態から、トップ下、VO、CBが縦方向へ連動してプレスのスイッチを入れる

る形になりがち。最初の状態では相手が1人、2人浮いているほうが、「ここ！」というタイミングを共有して、全員が大きく連動し、プレスに勢いが生まれることはよくあります。

状況別システム変更

試合の状況が大きく動いたとき、全体図であるシステムを変更するのは、
監督が切ることができる重要なカードの一つです。

システムの実践

4-2-3-1

POSITION

① FW …フォワード

MF ミッドフィールダー

③　ST …セカンドトップ
　　　　　（トップ下）

　　SH …サイドハーフ

② VO …ボランチ

DF ディフェンダー

④　SB …サイドバック

　　CB …センターバック

① GK …ゴールキーパー

　スコアが動く、退場者が出るなど、試合の状況が大きく動いたときは、チーム戦術の目的や優先度が変化します。

　たとえば、残り少ない時間で1点リードすれば、ゴールを守ることが最優先となり、逆にリードされていれば、いかに得点を奪うのかが優先課題です。そうした試合の状況に対し、システム変更によってチームの目的を明確にするのは、監督が打ち出せる重要な一手になります。

　実際にどのようなシステム変更が有効になるのか、状況別に見ていきましょう。

得点を奪いたいとき

　同点に追いつきたい、逆転したいなど、得点を奪いたい状況で一番わかりやすいのは、人数を変えることです。シンプルに、後ろの人数を減らし、前の人数を増やす。

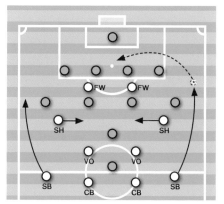

両SBが上がって2バックに

両SBを高い位置へ上げ、後ろはCB2枚で守る攻撃的なシステム。中央に人数を集めた状態で、クロスを有効に使うことができる

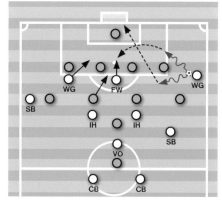

ドリブラーを生かすなら

選手の能力によっては、クロスではなく、[4-3-3] 気味の形でドリブルを生かしてもいい。SBは内側からドリブラーをサポートする。様々な形が考えられる

私（岩政）が鹿島でプレーしたとき、よく行っていたのは、両サイドバック（SB）が高い位置を取って、最後尾はセンターバック（CB）が2バックで守るやり方でした。守備になっても基本的に両サイドは下がらず、後ろは2対2のマンマークで人を余らせずに守ります。SBが高い位置へ行けば、サイドハーフ（SH）が中へ入って、2トップが前線に張ることができ、中央に人が多い状態でクロスを上げることができます。ただし、これは一つの考え方でしかなく、重要なことは、チームで抱えている選手をどう生かすかです。 クロッサーとヘディングの得意な選手がいれば、上記のように得点を狙ってもいい。ドリブラーがいれば、[4-3-3] 気味に仕掛

けさせて、SBがそのこぼれ球をサポートしてもいい。後ろを削って前線を増やすとき、その前線の形は、選手の個性によって決まります。

セカンドボールも重要

2バック化はリスクもありますが、ゴールを奪おうとする状況で、相手が守備を固めるフェーズに移ってくれれば、チームの置き方は容易になります。相手にプレスを仕掛けられるわけではないので、どう攻めるのか、どこから攻撃を始めるのかを、主体的に設定しやすくなります。

リードした相手がさらに追加点を狙って押して来る場合は話が別ですが、

来ないのであれば、こちらの武器をど
う生かすかが焦点になります。

　ストライカーを2人置いて両サイドか
ら攻める［4-4-2］のような形を取る
チームは多いですが、その際にもう一
つポイントになるのは、セカンドボー
ルに対する配置です。

　仮に［3-1-4-2］のような形でクロ
スを狙うと、相手にクリアされたとき、
1枚のボランチ（VO）の脇に人が少なく、
セカンドボールの回収率が下がる可能
性があります。その場合は後ろのリス
ク管理を、［3-1］から［2-2］に変え、
クロスからの二次攻撃を増やすことは
可能です。もしくはシステムをいじら
なくても、同じ3バックのまま、DFの
1枚をVOの脇まで行かせ、こぼれ球回
収のタスクを与えてもOKです。

　あるいは［4-3-1-2］に変更して両
サイドバック（SB）を上げ、後ろが［2-3］
で構える形もあります。中盤がこぼれ
球を拾いやすく、斜めのポジションで
サイド攻撃をサポートできる利点もあ
ります。

　いずれにせよ、すでに試合の前提が
変わっているので、ビルドアップに人
を割くよりも、こぼれ球に対処できる
場所に人を配置するわけです。

　相手がガチガチに守備を固めた状況
で、綺麗に崩してゴールを割るような
ケースはほとんどありません。つないで、

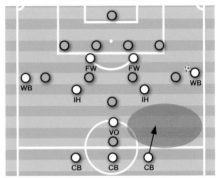

3バックの場合は…

相手を押し込める状況が前提ならば、3バックを維持する
より、VOの脇を抑えたほうがセカンドボールから分厚い攻
撃が可能になる

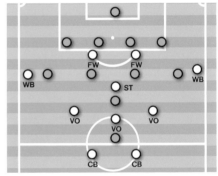

3ボランチも一つの手段

3ボランチの［4-3-1-2］などに変更し、後方が［2-3］で
構える。STはゴール前、VOはWBのサポートとセカンドボー
ル処理と、タスクが明確になる

入れて、拾って、二次・三次攻撃でど
うにかゴールをこじ開ける。そうした
多層的な絵を描くために、攻め切るた
めの立ち位置と、こぼれ球に対処でき
る位置の両方を踏まえて攻撃システム
を組み立てるのが主流になっています。

ゴールを守り切るシステム変更

　ゴールを奪いたい状況とは逆に、ゴールを守りたい状況も想定することができます。たとえば、相手からリードを奪ったとき、そのままの点差をキープして逃げ切りたい、といったケースです。

　方針は大きく分けて二つあり、一つはプレスの強度を高めることです。守備を強化するために、FWやサイドハーフ（SH）など、プレッシングの中心的な選手をフレッシュな選手に交代することでアプローチに強く行かせ、それによって攻撃される回数自体を減らそうという考え方です。

　もう一つの方針は、自陣の守備を固めること。つまり、最後のゴール前の局面で、守備のずれが生まれないようにすることです。

　そのポイントになるのが、5人目原則（P.32参照）です。ZONE1でゴール前を固めれば、相手は幅を取って攻めて来るはず。それに対し、システムを5バックに変更して構えるのは常套手段の一つです。

　また、4バックのままでも少し全体を下げ、サイドバック（SB）が出た裏をボランチ（VO）がカバーしたり、あるいは大外の対応をSBではなくSHに任せたりする方法もあります。後者の場合、中央が空いてVOが間に合わなくなるときは、2トップやトップ下を1枚下げ、［6-3-1］で構えるなどのカバーを足すこともあります。

　そうすれば、ZONE1で守備がずれる

プレスをかける選手を代える

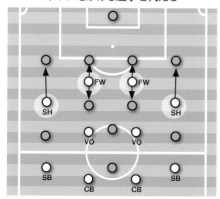

FWやSHなど、プレスをかける選手を交代し、よりフレッシュで、ハードワークができる選手を投入する。相手の想定通りの攻撃をさせないように妨害する

5人目原則でゴール前を固める

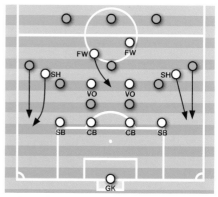

5バックに変えるか、5人目原則でゴール前の守りを明確にする。両SHを下げて対応したとき、VO周辺が空く場合は、［6-3-1］で構えることもできる

ことはほぼないので、あとは局面で競り負けなければゴールを守り切ることが可能です。

10人のシステム

実戦では選手の退場により、10人で試合をすることがあります。その場合、システムはどう調整するべきか。

一番均等にバランスを取れるのは［4-4-1］です。［4-4］のブロックが維持されるため、時間をやり過ごすための基本的な対策と言えます。

もう一つは、［5-3-1］です。前述の［4-4-1］で構えても、FWが1枚なのでプレスがかからず、侵入を許すことはまあまあります。そうなってからカバーに走り回るくらいなら、最初から5枚で構えるのも一つの考え方です。

その他、味方に2枚で攻め切ってしまうアタッカーがいる場合は、［4-3-2］や［5-2-2］で2トップ中心のカウンターを狙い、後ろは［4-3］や［5-2］で守る分業制も可能です。相手からすれば、1トップよりも2トップのほうが怖さは残るので、思い切って攻撃に人数をかけて来ないかもしれません。そう仕向けて、守りやすくすることも可能です。

これらは時間帯による使い分けがポイントです。最初に退場者が出た瞬間はゲーム全体が少し揺らぎ、そのまま戦うと

状況を落ち着かせる

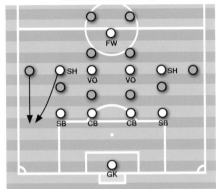

退場者が出た直後は、10人の守備に慣れて落ち着かせるため、一旦1トップとし、［4-4］や［5-3］のブロックで固めることが多い

2トップで攻撃的に

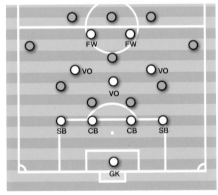

守備は薄くなるが、2トップに個の力があれば、こうした形も効果的だ。脅威を感じさせ、相手の攻撃にかける人数が減れば、結果として守りやすくなる

人数が少ない側のリスクが高いため、一旦［4-4］や［5-3］で落ち着かせて、その後は時間帯やスコアに応じて2トップで勝負をかける。こうした采配はよく見られます。

Part 7

特殊系システム

特殊系システム

本章では4バックと3バックの2ボランチ、1ボランチ（PART2〜5）の中では
分類しにくかった、特殊なシステムを紹介します。

4-2-2-2

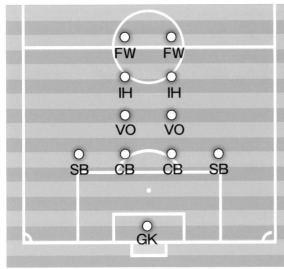

POSITION

② FW …フォワード

MF ミッドフィールダー
② IH …インサイドハーフ
② VO …ボランチ

DF ディフェンダー
④ SB …サイドバック
CB …センターバック

① GK …ゴールキーパー

　2021年シーズンの鹿島で、監督が相馬直樹さんに代わってからやり始めたシステムに、[4-2-2-2] があります。日本ではほとんど見られませんが、縦と横の幅を狭く、特に横幅は片方のサイドに全員が入るほど圧縮して、攻守共にコンパクトに縮まった中で強い圧力をかけて行くやり方です。2021年の鹿島など、幅を圧縮する [4-2-2-2] だけでなく、その後は幅も使えるように [4-2-3-1] に

移行するなどの工夫も見られます。
　[4-2-2-2] のメリットとしては、攻守共に一体化した絵を作りやすいことが挙げられます。攻撃のときは幅を取らず、サイドチェンジも基本的になし。片方のサイド、あるいは中央に全員が集結することによって、ボールの周囲に数的優位を作ります。
　攻撃はアバウトでも良いので、その中にボールを入れ込み、そこで奪われて守

備が始まったとしても、すぐに密なプレッシャーをかけられます。攻守共にずっとボールの周りに数的優位を作って封じ込める戦術であり、統一したイメージは作りやすいです。

　そのため、プレーする選手たちの判断は比較的簡単になります。この相手が来たらこうしましょうと、ケースごとに伝える必要はなく、人が多いところにボールを送り込み、感覚的に見えたところで瞬間の数的優位を生かして行く。そういう要素に限られるので、後ろからビルドアップして一つずつ剥がす、といった戦術よりも浸透は早いはずです。

[3-1-4-2] との類似点

　この [4-2-2-2] システムですが、攻撃時の配置に関しては、[3-1-4-2] とよく似ています。サイドバック（SB）やウイングバック（WB）が幅を取りつつ、真ん中の４人の厚みで崩して行く点では同じ特徴があります。

　相違点は後ろの構え方です。[3-1-4-2] はワンボランチ（VO）と３人のセンターバック（CB）で後方の基盤を作りますが、[4-2-2-2] はダブルボランチとCB２人で後方のリスクマネジメントを行います。攻撃の最後尾の形が、[3-1] になるのか、[2-2] になるのか、違いはそれだけです。

攻守共にボールの周囲を取り囲む

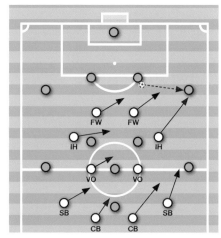

攻守一貫の [4-2-2-2] は、ボールの周囲を数的優位で取り囲み、強い圧力をかけて行くのが大きな特徴。サイドチェンジをせず、高い密度の中で戦う

[3-1-4-2] と攻撃は似ている

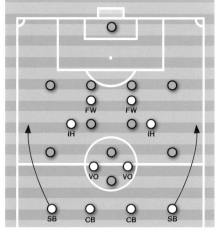

攻撃時はサイドバックが高い位置を取り、幅を取る。この形はリスク管理以外について、[3-1-4-2] の攻撃形とよく似ている

守備に関しては、3バックと4バック、1ボランチと2ボランチと各所に違いはありますが、攻撃時はよく似た形に帰結していくシステムです。

欧州ではハイブリッド化が進む

攻守一貫の [4-2-2-2] は、日本ではあまり見られませんが、欧州では時折見かける戦術です。あるいは同じ目的でも、[4-3-1-2] の中盤ダイヤモンド型によってボールを取り囲み、戦うチームもあります。

ただし、最近は欧州でも、このような尖った戦術は少なくなってきたと感じます。それは戦い方がシンプルであるが故に、対策もシンプルに立てられるからです。

[4-2-2-2] で極端に密度を高めて来るのなら、対戦相手はピッチの幅をひたすら使って攻めればいい。2021年の鹿島もそこを突いてくるチームにはゲームを支配され、敗れました。

欧州でも同じことが増え、どうしても90分を圧力だけで支配することはできないので、攻撃ではビルドアップの立ち位置を整理してバランスを取るようになりました。一方で、守備は高い強度を保つ。全体的に戦術がハイブリッド化する方向に進んでいます。

コインの表と裏

攻守一貫の [4-2-2-2] の弱点は万能ではないということに尽きます。

[4-3-1-2] による囲い込み

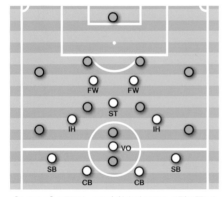

[4-2-2-2] と同じく、この中盤をダイヤモンド型に配した形も、真ん中の密度を高めやすい。攻撃時の後方の構えが [2-2] と [2-3] など多少の違いはあるが、似た目標で使うチームはある

ピッチの幅を使って攻められると弱い

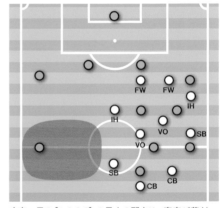

攻守一貫の [4-2-2-2] の最大の弱点は、密度が薄くなった大外の幅を繰り返し攻められること。ボールを取り囲んでも、その密集を脱出されると状況が一変してしまう

[4-2-2-2］のチームが激しい勢いで
迫って来るのなら、立ち位置を示し合わ
せた上で、味方を見ずにサイドチェンジ
してもいい。そこには相手がいないから
です。特にJ1のレベルになると、そうや
って相手の狙いを断ち切るプレーができ
る選手が多く、さらにGKもビルドアッ
プに参加してきます。そのスキルも高い
ため、相手GKにまで合わせて行くと、
外が絶対に空きます。

逆サイドへ展開され、SBが引き出され、
その裏を攻められると、センターバック
（CB）も引き出されます。CBの能力次
第では、そこで2バック対応も可能かも
しれませんが、一般的には難しいでしょう。

やり方としては面白いのですが、対策
を整えた対戦相手が増えたときに行き
詰まる。そして、行き詰まったときに立
ち返る場所がそれ以外にないため、なか
なか修正が利かない。浸透が早いのと、
柔軟性を欠いて修正が利かないのは、
コインの表と裏のような関係です。

中盤空洞化の[5-0-5]

[4-2-2-2］のように、一時的に流行
したシステムで言えば、ミハイロ・ペト
ロヴィッチ監督が浦和レッズ時代に取り
入れた［4-1-5]、あるいは［5-0-5]で
中盤を空洞化させる戦術もその一つで
す。当時は欧州でも時折、見かけること

サイドチェンジを効果的に使われる

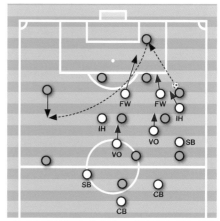

[4-2-2-2］は相手にサイドチェンジを機能させられると厳
しい。特にGKもビルドアップに参加する相手に対しては、
ボールを取り囲みづらく、人数をかけることで外を空けてし
まう

最後は2バック対応

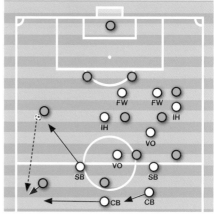

選手たちはボールを取り囲む意識で、前へ矢印が出ている
ので、逆サイドへの展開で外されると、最後は2バック対
応になりがち。CBの能力が飛び抜けていれば、防ぐこと
も不可能ではないが…

4-1-5／5-0-5

がありました。

　攻撃でセカンドボールにならないボールを使っていけば、中盤に人を置く必要はない。考え方は面白いのですが、ボールが中盤にこぼれないように攻撃を終えるのが前提なので、その前提を壊されると脆さが出ます。やはり万能ではありません。

　基本的に強いチームはすべてを持ち合わせており、ロングボールもショートパスも、攻撃も守備も、きれいに崩すこともセカンドボールに激しくぶつかることも、全部あります。すきがないため、相手がどんな対策を打ってもゲームを支配されてしまう。2020〜21年に無敵を誇った川崎が、まさに典型でした。

　極端なシステムや戦術は、はまれば強く見えます。しかし、はまらない相手が出たとき、結局は戻ってくる平均値のようなものがあり、「極端は王道にはならない」と個人的には思います。

　もちろん、そこを追求できるペトロヴィッチさんのような監督は、個性的で面白いですし、それをクラブの文化や哲学として置くのであれば良いでしょう。ただ、結果がすべてのプロの世界で、なかなかそこまで言い切れるクラブは少ないのではないかと思います。

[5-0-5] の中盤空洞化

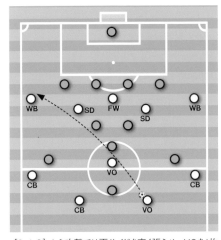

[3-4-3] から攻撃では両サイドを高く張らせ、VOを1枚下ろして [4-1-5] へ。前線に優位を作りつつ、最後尾でもパスをつなぐ人数を確保して、サイドチェンジなど中盤を越える大きな展開を多用する。もう1枚のVOも下げ、[5-0-5] にすることもあった

中盤で引っかかると大ピンチ

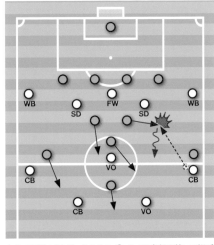

中央では絶対にボールを失わず、サイド攻撃を使って相手DFラインの背後を突き、深く押し込む。一方で、攻め切れずに相手VOなどにパスが引っかかると、中盤に人がいないため、簡単にカウンターを食らう脆さがある

Part 8

セットプレーの
システム

フリーキック

**最後はセットプレーについて取り上げます。フリーキックに対する守備は
どのように構築されるのでしょうか。**

浅いフリーキックはゾーン対応が多い

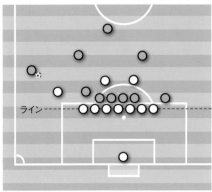

浅い位置のフリーキックに対しては、相手の位置にかかわらず、ゾーンでラインを整えるチームが多い。ラインを下げず、味方GKのプレーエリアを確保しておく

マンツーマンで対応するとラインが乱れる

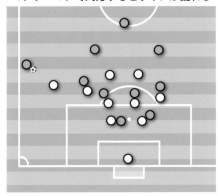

マンツーマンは人に釣られるため、ラインが乱れ、オフサイドを取りにくい。立ち位置が乱れればカウンターにも出にくいため、浅い位置ではゾーン対応が選択されることが多い

　セットプレーは得点に直結するプレーが多く、場面を限定して考えやすいので、特にプロでは細かく戦術を設定して試合に臨みます。

　一般的にフリーキックとコーナーキックの守り方は、ゾーンとマンツーマン、あるいはその併用に分けられます。

　フリーキックについては近年、ゾーンが主流になってきました。特に浅いエリア（ゴールから遠めの位置）からアーリークロス気味に入ってくるフリーキックに対しては、オフサイドラインを設定す

ることになりますが、マンツーマンで構えるとラインが乱れやすく、対応が難しくなります。

　一方、ゾーンで構えたときは、ラインをできるだけ下げないようにすれば、ある程度は背後のスペースでシュートを打たれることも減り、味方のGKが出るスペースも確保されます。壁に2人が入り、6～7人でラインを作り、その手前で1～2人がこぼれ球等への対応をします。浅めのエリアでは、こうしたゾーンで対応するチームが多くなっています。

また、マンツーマンの場合は相手の動きによって味方が場所を動いてしまうので、カウンターを打ちづらいということもあります。形が崩れたままでボールをクリアしたり、GKがキャッチしたりしても、そこから攻めのイメージは作りにくいため、せっかく相手が攻め込んできた背後にスペースがあっても、なかなかカウンターを打てないケースが多くなります。

ゾーンが普及したのは守備面のメリットもありますが、カウンターに出る形を想定しやすいことも挙げられます。

クロス対応の壁の枚数は?

クロスを入れてゴールを狙うフリーキックの場合、壁の枚数は1枚か2枚になります。その役割はクロスの軌道をけん制することもありますが、もう一つは、ショートの対応です。

たとえば、中にいた選手や、後ろにいた選手が走ってきて、クロスと見せかけてショートパスで変化を付けてきた場合、それに対応する必要があります。

あるいはキッカーに右利きと左利きの2枚を並べてきたとき、壁が1枚ではショートに変化されたときに対応が足りなくなるため、壁の枚数は相手のキッカーの枚数に合わせる考え方もあります。

壁はショートへの変化にも対応する

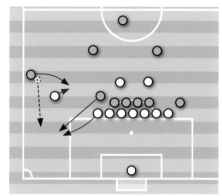

キッカーが直接クロスを入れず、味方とのショートパスに変化してきた場合、壁に立った選手はその対応を行う

キッカーが2枚なら壁も2枚

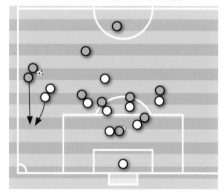

相手キッカーが2枚の場合、壁に2枚を立たせなければ、ショートに変化されたときに対応できなくなる

ライン設定は高く? 低く?

浅いフリーキックに対してゾーンで守るとき、大事なポイントはライン設

高いライン設定は…

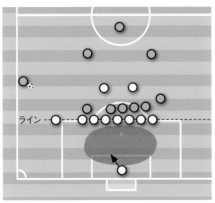

ライン

シュート位置をゴールから遠ざけることができ、オフサイドも取りやすい。守備範囲の広いGKが飛び出すスペースもある

低いライン設定は…

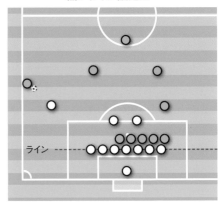

ライン

下がりながらではなく、前を向いてヘディングで競り合えるため、空中戦の能力を生かしやすい。ただし、ゴールに近いため、軽いアクシデントによる失点も

定です。ペナルティーエリアのライン上に右足か左足を置き、そこにラインを揃えるやり方は過去によく見かけました。

一方、欧州サッカーで増えたのは、ラインをもっと高いところに設定し、背後にボールが蹴られるときにもラインを下げないチームです。たとえクロスが入ってきても、ラインを高く設定すれば、その位置がゴールから遠いため、ヘディングシュートを打たれても入らない、という考え方です。

Jリーグでも同様に高いラインを好むチームは増えていますが、逆に、全く正反対のチームもあります。ラインを高くすると、走り込まれて入れ替わってしまうので、ペナルティーエリアの

中で深く待ち構えたほうがいい、という考え方です。

ラインの高低に唯一の正解はありません。たとえば川崎ではフリーキックの失点が重なったとき、ライン設定で試行錯誤をしました。最終的には深いラインで、ペナルティーエリアの中に下がって前向きに守備をしたほうがクリアできる、という方針で落ち着いています。ただし、それはそれで、競り合う位置がゴールに近くなるため、相手がサッと手前で触り、コースを変えられたら即ゴールの可能性もあります。ラインをどこに置くのか。ペナルティーエリアを基準に、それより前なのか、後ろなのか。これは監督によって違いがありますし、抱えている選手の特徴

によっても違います。

　低いラインなら、前向きに力強くヘディングできる選手が何人いるのか。高いラインなら、背後への飛び出しをしっかりケアできる選手がいるのか、GKの守備範囲は広いのか。こうした部分も焦点になります。

深い位置のフリーキック

　より深い場所、ペナルティーエリアの横からクロスを入れるフリーキック場面では、オフサイドになることがほとんど無いため、ゾーンだけでなく、マンマーク気味に守るチームもあります。状況的にはコーナーキックに似ているので、同じ戦術になることも多い

です。

　ただし、コーナーキックとは違って距離が短いため、GKの前に差し込むような低いクロス、マイナス気味のグラウンダーのクロスなど様々な可能性があります。深い位置のフリーキックの場合、ゴールを中心に守ると平行やマイナス方向へのコースが空きがちです。そのためゾーンの守備を行うチームは、浅いエリアでは7人と手前に1人を配置した形を、深いエリアでは6人と手前に2人と変え、より広い角度に対応できるように調整することがあります。

直接ゴールを狙うフリーキック

　ゴールを直接狙える位置でのフリー

深い位置では平行やマイナスに注意

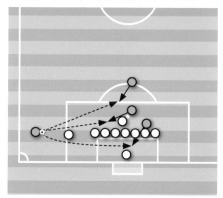

深い位置のフリーキックの守備は、コーナーキックと場面が似ているが、グラウンダーのクロスに注意しなければならない。特にGK前へ差し込むボール、平行やマイナス角度に注意

ゾーンの組み方を変えることも

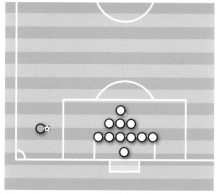

浅いエリアではラインに人数を多めに割き、深いエリアではもう少し立体的に前後の人数を増やすなど、調整を考える

フリーキック

キックは、クロスに対してではなく、シュートに対して準備しなければならないため、守備の作り方が大きく変わります。

以前は大体、ニアサイド側（ボールに近いほう）に壁を5枚くらい立たせ、ファーサイド側（ボールに遠いほう）はGKに任せるやり方がほとんどでした。しかし、最近はニアサイドに5枚くらい立たせた上で、ファーサイドにも2枚ほどを置いて両側を防ぎ、空いた真ん中をGKに担当させる守備が増えました。壁に割く枚数を増やし、GKが担当する範囲を絞って対応する傾向になっています。

壁の上下をブロックする

壁に立つ選手たちは、そのコースに飛んできたシュートを防ぎ、GKと分担してゴールを守ります。

壁が割れることなく、すき間なく埋められていれば、シュートは簡単には入りません。ただし、壁の上だけはコースが空いた状態になるため、レベルの高いキッカーは回転をかけ、あるいは無回転でスッと落ちるボールを蹴り、壁の上からゴールを狙ってくることも考えられます。

それに対抗するため、壁には背丈の大きい選手を選び、できるだけ上方の

一般的だった壁の作り方

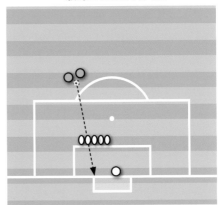

ボールとニアサイド側のゴールポストを結ぶ線上に立たせ、その外側にカーブ軌道を警戒してもう1人、残り3人を内側に立たせる。壁がニアサイド、ファーサイドはGKで分担して守る

近年増えている壁の作り方

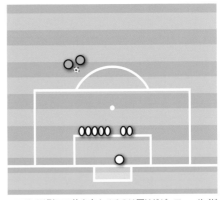

ニアサイド側に5枚を立たせるのは同じだが、ファーサイド側にも2枚ほどを立たせ、壁と壁の間をGKが守る。壁の人数は増えるが、GKの担当範囲を絞ることができる

コースを狭めるのが鉄則ですが、それでもシュートに届かなければ、打たれた瞬間に壁がジャンプし、ブロックす

るのも一つの方法です。

　ただし、ニアサイド側で壁に入った選手がジャンプする場合、それを見越した相手キッカーが、跳んだ壁の下のコースをグラウンダーで狙ってくることもあります。壁は壁であることが前提なので、GKはその中や下を抜けるシュートには反応しづらく、失点の危険が高まります。そこで最近は壁の下を通るシュートを防ぐため、その前後に寝転がるブロッカーを置くチームも増えてきました。

　以前ならば寝転がるなど、身体を混戦の中にさらすようなブロックは、危険な方法によるプレーだとして、特に欧州サッカーでは審判から注意の対象となり、無視すればファウルの笛が吹かれていました。しかし、2019年にIFAB（国際サッカー評議会）が行ったルール改正により、攻撃側の選手は壁を作った相手から1メートル以上離れなければならないという規則が加わったため、危険な接触の可能性がなくなり、今は寝転がるブロックも容認されています。

　それが可能なら、壁がジャンプして上方をカバーしつつ、下方も寝転がってブロックできるため、GKがニアサイド側へ重心をかける必要がなくなります。こうした共同作業でフリーキックを防ぐ戦術も一般的になりました。

壁はショートへの変化にも対応する

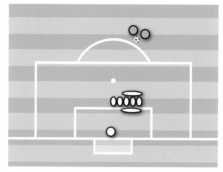

壁の前、あるいはすぐ後ろで選手を寝転がらせ、ジャンプした壁の下をすり抜けるシュートを防ぐ

GKはファーサイド側へ集中できる

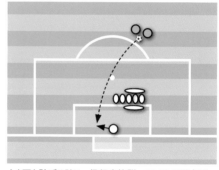

上も下も防げる壁は、信頼度抜群。ニアサイドを任せ、GKは真ん中やファーサイドに集中できる

　壁に関する駆け引きは、直接ゴールを狙うフリーキックの重要なポイントです。さらに攻撃側もボールとGKの間に膝立ちしてGKの目線を遮るなど、お互いに様々な駆け引きを行っています。

コーナーキック

**コーナーキックは、最も多種多様に組み立てられるセットプレーです。
各チームが色々な工夫を凝らし、ゴール前の攻防に挑みます。**

コーナーキックは蹴る地点が一定で、状況が固定されているため、各チームが戦術を作り込みやすい特徴があります。それぞれが工夫を凝らし、色々な方法で攻守が繰り広げられています。

特に近年、急激に増えてきたのは、ゾーンとマンツーマンを併用する守備です。空中戦が強い4枚をゴール前にゾーンで立たせ、その前に3枚ほどをマンツーマンのブロック役として置きます。相手が勢いを持って走り込もうとする動きを邪魔し、ゾーンの4枚が跳ね返しやすいように仕向けます。

この前方3枚の意識は、ブロックするターゲットを決めるチーム、走ってくる選手を見ながら身体を当てるチーム、あるいは走り出しではなく、最後の競り合いの瞬間にブロックするチームなど様々です。

ここで7人を使えば、残るは3人。そのうち1人はニアポスト際に立って、低いボールへの対応に飛び出す役割を担います。もう2人はペナルティーアーク辺りに立ち、こぼれ球等に対応します。表記するなら、[1-4-3-2] の構えです。

細かい人数配分は違いがあり、たと

ゾーンとマンツーマンの併用

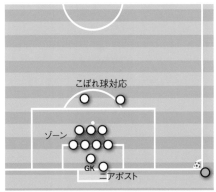

4枚と3枚の2段ゾーンで構え、前方の3枚は相手の動きをブロックする。ポストに立つ選手、こぼれ球に備える選手など、細かい配分は様々

前方3枚の働きがポイント

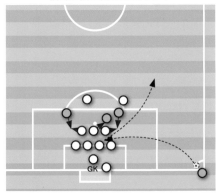

前方の3枚は相手を決めてマークしたり、走り出しから邪魔したり、競り合う瞬間まで引き込んで身体を当てるなど、相手の空中戦のキーマンを封じる

えば4人ではなく5人でファーサイドまで広く抑えるチーム、あるいはニアポストの1枚を削って、こぼれ球対応を増やすチームもあります。

GK周辺の駆け引きが重要

　特にコーナーキックの守備で大事になるのは、GK周辺の駆け引きです。

　GKは手を使うことができるため、最強の空中戦プレーヤーと言えます。ただし、これはサッカーなのでその点は攻撃側も踏まえ、GKの動きをブロックし、妨害しようと企んできます。

　では、相手がGKをブロックに来たとき、どう対応するべきか?

　この駆け引きは面白いです。昔で言えば、ブロックに来た相手に1対1のマークを付け、絶対にGKをブロックさせないように間に入らせ、GKを守っていました。そのやり方は現在も見られますが、最近新しく増えてきたのは、そのブロッカーをあえて放置し、その分は他のブロックを増員させるチームです。つまり、GKの前に敵がいても関係なく、GKにプレーさせます。この点は大きく変わってきたと感じています。

　もちろん、デメリットとしてGKがブロックされてしまうことはありますが、逆に以前はマーク役を付けていると、GKの周辺が混雑し、味方同士がぶつかって

相手はGKをブロックしてくる

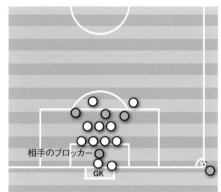

相手のブロッカー

GK

攻撃側は最強の空中戦プレーヤーであるGKの動きを妨害しようと、ブロック役の選手を当ててくることがある

ブロッカーを妨害する

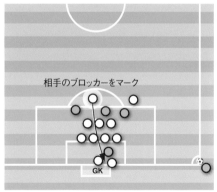

相手のブロッカーをマーク

GK

それに対し、昔はブロッカーにマークを付け、妨害を妨害する、力に力で対抗するのが一般的だった。現在は…?

GKの動きを邪魔することが度々ありました。この場合、味方との接触なのでファウルもありません。

121

また、仮にGKが敵にブロックされた場合でも、その敵がボールに対して全くプレーしていなければ、ファウルです。そこで笛を吹かれたら、せっかくシュートを決めてもノーゴールになってしまうので、もう攻撃側がブロッカーを置かず、競り合いやこぼれ球の場所に人を増員するチームも増えつつあります。

ポスト際に選手を置く? 置かない?

GKに対するブロッカーを無効化することができる、もう一つの要素として、オフサイドがあります。

仮にGKが動きを邪魔され、それがファウルにならなかったとしても、他の相手がシュートを打った瞬間にブロッカーがGKの視界を遮るなどの影響を与えていれば、オフサイドの対象です。ファウルとは違い、接触の程度にかかわらず、オフサイドポジションで相手に影響を与えれば笛が吹かれるので、取れる可能性は高くなります。そして、オフサイドに引っかかるのを避け、ブロッカーがラインまで戻るくらいなら、そもそもGKの前に立たないほうがいい、と攻撃側は考えてくれます。

これを機能させるためには、ゴールポスト際の選手がポイントです。昔はポスト際に立った選手は動かず、GKが届かなかったボールをかき出すゴール

味方同士ではファウルにならない

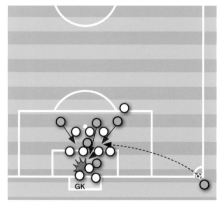

ブロッカーにマークを付ける場合のデメリットは、GK周辺が混雑し、味方同士の接触が増えること。ファウルがもらえないため、混雑すればするほど不利になる

ブロッカーを放置する

ファウル!
レフェリー

最近はブロッカーをあえて放置し、他の場所を厚くするチームが増えてきた。GKは接触を受けやすいが、相手がボールに向かっていなければ、不正な接触としてファウルになる可能性は高い

カバーの役割で立たせるチームが多く見られました。

　しかし、それではオフサイドが取れません。GK周辺で邪魔をするブロッカーをオフサイドポジションに置くためには、ポスト際に選手を立たせないか、あるいは立たせた場合でも、コーナーキックが蹴られた瞬間、すぐにボールにアタックに行く。そうすれば、GK前のブロッカーをオフサイドに仕留められます。

　ただし、カテゴリやレベルによっては、こうやってオフサイドに仕留める戦術を審判がよく理解しておらず、プレーを予測していないことがあります。だから私（岩政）の場合は副審に、「これはオフサイドだからね！」と何度も念を押しました。すると審判もしっかり見て、ファウルやオフサイドを取ってくれます。審判とのコミュニケーションや確認は大事です。

　ここまで対策すれば、いよいよ攻撃側もGKを邪魔するメリットが消え、ブロッカーを撤退させるようになります。これは守備側が駆け引きに勝った、ということだと思います。

どちらを優先させるか

　もっとも、こうした方法や駆け引きがあることを承知の上で、あえてポス

ブロッカーをオフサイドに仕留める

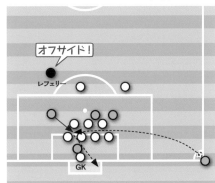

シュートを打った瞬間にブロッカーがGK周辺のオフサイドポジションに残っていると、GKの動きや視界に影響を与えたとして、オフサイドになる

ポストに残すと、オフサイドは取れない

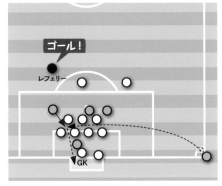

ただし、味方がゴールポスト際で最後までゴールカバーに残っていると、オフサイドを取れない

ト際にゴールカバーの選手を残す考え方もあります。

　重要なポイントは、何をリスクと考えるかです。ポストに人を立たせるのは、GKが守る範囲を狭めるためです。GK

コーナーキック

の特徴も加味し、そこが大きなリスクと捉えたからこそ、ポストに人を置くわけです。

ただし、そうなるとオフサイドラインがほぼゴールラインになってしまい、オフサイドが取れません。そのため、相手がGK前にブロッカーを置いた場合は、その選手にGKの邪魔をさせないよう、マークを付ける必要が生じます。そこでマークに人を割けば、こぼれ球を拾う場所など他の役割が薄くなってしまいますが、GKの守備範囲のリスクを重く考えるなら仕方がありません。

GKの能力をサポートするため、ゴールカバーは残す。そんなふうに考えるチームもあります。唯一の正解はなく、チームの戦術は抱えている選手の能力

次第で変わります。

今もマンツーマンは多数派

こうしたコーナーキックの新しいゾーンの守り方が発達している現代サッカーではありますが、それでも育成年代を含めた日本サッカー全体で、現在も多数派を占めているのはマンツーマンです。

フリーキックに関してはゾーンの守備も見られますが、コーナーに関してはマンツーマンで守るチームが多数派です。近年のJリーグではゾーンで守るチームがかなり増加していますが、育成年代やアマチュアのサッカーを見ると、昔からの守備のやり方が主流であ

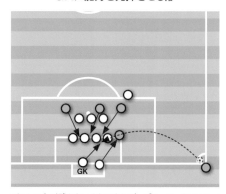

GKに能力を発揮させる形

ポストに人が残らないようにすれば、ブロッカーをオフサイドポジションに置き、追い出すことができる。GKの周辺にスペースが広くなるため、GKは能力を発揮しやすい

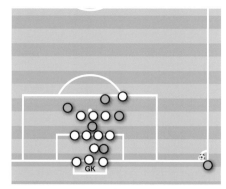

GKの空中戦に不安があれば…

逆にポストに人を立たせれば、GKの守備範囲を狭めることができるため、空中戦やセービングに不安があるGKの能力を、ある程度は補うことができる。ただし、オフサイドは取りづらい

る印象を受けています。

　ただ、マンツーマンの最大の弱点は、やはり相手に振り回されてしまうことに尽きます。マーク役として6人をゴール前に配置しても、相手がそれ以上の人数をかけて来たら、人が足りなくなるので、他の選手も下がらざるを得ません。そうなると、カウンターを意識して前方に残した選手も、結局機能しなくなります。

　どんなに守備の形を練習しても、試合では相手に動かされてしまうのがマンツーマンです。個人的には主体的に守備の形を作り、自分たちの意志で試合を進めたいので、マンツーマンはあまり好きではありません。これは考え方にもよりますが、ブロッカーに対する守備のやり方も、ボールを拾ったときのカウンターの打ち方も、ゾーン主体なら自分たち主導で決めることができるのは大きなメリットです。

　ただし、マンツーマンも戦術がシンプルで済む利点はあるので、抱えている選手たちが、相手を邪魔しながらボールにもアタックして弾き返せる能力があるのなら、マンツーマンでも構わないでしょう。コーナーキックはその辺りの考え方が多種多様で、駆け引きがあふれています。ぜひ注目してみてください。

マンツーマンはシンプルだが…

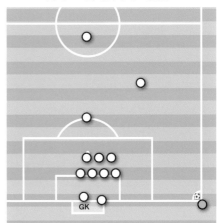

マンツーマンは約束事がシンプル。ただし、カウンターに2枚を残そう、こぼれ球対応を厚くしよう、などと形を練習しても…

相手に振り回され、後手の守備になる

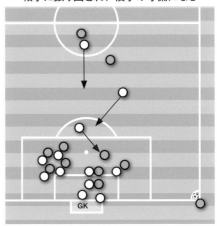

ゴール前へ飛び込む人が増えるなど、相手が変化してきたら対応せざるを得ない。マンツーマンは相手の動きに振り回されるため、後手の守備になるのが最大のデメリットだ

125

あとがき

「システムは電話番号みたいなもの」。

かのペップ・グアルディオラが言ったとも、ファンマ・リージョが言ったとも、メノッティが言ったとも言われているこの言葉。私は深い意味があるなと思っています。

「だから、重要なものではない」。そう片付けてしまうのは安易です。電話番号をかけ間違えたら、話したい相手と話すことさえできないのです。

確かに、システムだけでピッチレベルの何が語られようか、という思いは私にもあります。本質はもっと深く、もっと心に近いところにある感覚があります。しかし、システムの理解が足りないことで、本来は辿り着けるはずのところに辿り着けなくなってしまうと思います。そう、まさに電話番号を間違えた、あるいは知らない時のように。

日本サッカーはこの数十年で飛躍的に力を伸ばしてきました。それは世界中の国々が驚くほどです。しかし、一方で世界のトップレベルに近づけそうで近づけない現状があります。近くて遠い場所。そこに要因はたくさんありますが、私はその一つにシステムの理解の欠如があると思っています。

システムには、それぞれに強みと弱みがあります。起こりやすい状況と起こりにくい状況があります。

確かに、それらはプレーする上での前提条件にすぎません。電話番号ですからね。ただ、その起こりやすい状況と起こりにくい状況を理解しているかどうか、で選ぶ選択肢は変わるでしょう。意識するポイントも、より明確に、そして的確になるはずです。それは、複雑に様々な要因が入り乱れて現象を引き起こすサッカーというスポーツにおいて、大きな差異になることは言うまでもありません。

本書は、指導者や選手だけでなく、サポーターの皆さんにも、日頃のサッカー観戦のお供にしていただけるものを目指しました。現代サッカーの要点も抑えつつ、ピッチレベルのサッカーの面白さ・奥深さを感じていただけたらと思います。

「日本サッカー」とは、皆さんも含めたサッカーファミリー全体を指します。日本サッカーは過渡期にいます。今こそ、過去から学び、未来にトライしていくことです。

本書がその一助となりますことを。

岩政 大樹

著者 PROFILE

岩政 大樹
（いわまさ・だいき）

1982年1月30日、山口県大島郡周防大島町生まれ。
187cm、85kg。
山口県立岩国高校卒業後、2000年東京学芸大学教育学部・数学科入学、蹴球部に所属。1年生で関東大学リーグ1部・新人王に輝き、3年時にはU22日本代表に選出。
2004年大学卒業後に鹿島アントラーズ入団、同シーズン後半からレギュラーに定着。リーグ優勝3回、ヤマザキナビスコカップ優勝2回、天皇杯優勝2回に貢献し、自身もJリーグベストイレブンに3度輝く。
2014年鹿島を退団。タイ・プレミアリーグのBECテロ・サーサナへ完全移籍し、リーグカップ優勝に貢献。2015年ファジアーノ岡山に移籍し、移籍初年度よりキャプテンを務める。2017年関東1部リーグの東京ユナイテッドに選手兼コーチとして加入。また、東京大学ア式蹴球部コーチに就任。2018年現役引退。
2008年にサッカー日本代表候補に初招集され、2009年10月に代表デビュー。2010年のFIFAワールドカップ・南アフリカ大会メンバー、2011年のアジアカップ優勝メンバー。国際Aマッチ8試合出場。

【著書】
「PITCH LEVEL」(KK ベストセラーズ)、「 FOOTBALL INTELLIGENCE」(カンゼン)、「ウィニング・ストーリー」(KADOKAWA)

【URL】
https://www.sankeipro.co.jp/talent/profile/iwamasa-daiki/
https://twitter.com/_PITCHLEVEL

制作 Staff

執 筆 協 力　清水 英斗
本文デザイン　LA Associates
写　　　　真　Masamichi Oda
編　　　　集　権藤 海裕 (Les Ateliers)
カバーデザイン　坂井 正規

サッカーシステム大全

2021 年 11 月 30 日　初版第 1 刷発行
2022 年 3 月 3 日　初版第 4 刷発行

著　者 ····· 岩政大樹
発行者 ····· 滝口直樹
発行所 ····· 株式会社マイナビ出版
　　　　　〒101-0003　東京都千代田区一ツ橋 2-6-3 一ツ橋ビル 2F
　　　　　電話 0480-38-6872（注文専用ダイヤル）
　　　　　　　03-3556-2731（販売部）
　　　　　　　03-3556-2735（編集部）
　　　　　URL　https://book.mynavi.jp/

印刷・製本 ·············· 中央精版印刷株式会社

ISBN978-4-8399-7540-1
©2021 Daiki Iwamasa
Printed in Japan